全国烹饪专业系列教材

餐饮业成本核算

CANYINYE CHENGBEN HESUAN

（第3版）

林小岗　吴传钰　编著

北京·旅游教育出版社

出版说明

改革开放以来,我国的烹饪教育得到了快速发展,烹饪专业教材建设也取得了丰硕的成果。但是,随着人民生活水平的不断提高,餐饮业自身发生了许多新变化。对烹饪教学提出了许多新要求,因此,编写一套符合我国烹饪职业教育发展要求,满足烹饪教学需要,规范、实用的烹饪专业教材就显得尤为必要。

本系列烹饪专业规划教材就是为了配合国家职业教育体制改革,培养旅游、餐饮等服务行业烹饪岗位的应用型人才,由我社聘请众多业内专家,根据《国务院关于大力推进职业教育改革与发展的决定》中关于职业教育课程和教材建设的总体要求与意见,结合餐饮旅游行业的特点精心编写的国家骨干教材。

在教材编写中,我们征求了教育部职业教育教学指导委员会有关专家委员及餐饮行业权威人士的意见,对众多烹饪学校及开设烹饪专业的相关学校和餐饮企业进行了调研,并在充分听取广大读者意见的基础上,确定了本套教材的编写原则和模式:针对行业需要,以能力为本位、以就业为导向、以学生为中心,重点培养学生的综合职业能力和创新精神。

该系列教材在编写中,始终立足于职业教育的课程设置和餐饮业对各类人才的实际需要,充分注意体现以下特点:

第一,以市场为导向,以行业适用为基础,紧紧把握职业教育所特有的基础性、可操作性和实用性等特点。根据职业教育以技能为基础而非以知识为基础的特点,尽可能以实践操作来阐述理论。理论知识立足于基本概念、基础理论的介绍,以够用为主,加大操作标准、操作技巧、模拟训练等操作性内容的比重。做到以技能定目标,以目标定内容,学以致用,以用促学。另外,考虑到烹饪专业学生毕业时实行"双证制"的现实要求,编者在编写过程中注意参考劳动部职业技能鉴定的相关标准,并适当借鉴国际职业标准,将职业教育与职业资格认证紧密相连,避免学历教育与职业资格鉴定脱节。

第二,充分体现本套教材的先进性和科学性。尽量反映现代科技、餐饮业中广泛运用的新原料、新工艺、新技术、新设备、新理念等内容,适当介绍本学科最新研究成果和国内外先进经验,以体现出本教材的时代特色和前瞻性。

第三,以体现规范为原则。根据教育部制定的有关职业学校重点建设专业教学指导方案和人力资源和社会保障部颁布的相关工种职业技能鉴定标准,对每本教材的课程性质、适用范围、教学目标等进行规范,使其更具有教学指导性和行业规范性。

第四,确保权威。编写本系列教材的作者均是既有丰富的教学经验又有丰富的餐饮工作实践经验的业内专家,对当前职教情况、烹饪教学改革和发展情况以及教学中的重难点非常熟悉,对本课程的教学和发展具有较新的理念和独到的见解,能将教材中的"学"与"用"这两个矛盾很好地统一起来。

第五,体例编排与版式设计新颖独特。对有关制作过程、原料等的讲述,多辅以图示和图片,直观形象,图文并茂。在思考与练习的题型设计上,本套书的大部分教材均设置了职业能力应知题和职业能力应用题两大类,强化教材的职业技能要求,充分体现职业教育教材的特点,既方便教师的教学,又有利于学生的练习与测评。

作为全国唯一的旅游教育专业出版社,我们有责任把最专业权威的教材奉献给广大读者。在将这套精心打造的烹饪专业教材奉献给广大读者之际,我们深切地希望所有的教材使用者能一如既往地支持我们,及时反馈你们的意见和建议,我们将不断完善我们的工作,回报广大读者的信任与厚爱!

旅游教育出版社

前 言

在我国全面进入小康社会的新时期,在当前大好的经济形势下,餐饮业迎来了前所未有的发展契机。餐饮业是劳动密集型产业,2005年我国餐饮业提供的就业岗位约2000万个,机遇与风险同在,激烈的市场竞争使我们意识到餐饮业的发展离不开大量的人才,因此,造就一支具有职业发展能力的烹饪人才队伍成为当务之急。

《餐饮业成本核算》是中等职业技术学校烹饪专业系列教材之一,是烹饪专业的基础课程。其主要任务是传授餐饮业成本的核算及控制知识,使学生能运用所学知识解决餐饮业成本核算、成本控制及产品价格定位等实际问题,更好地参与企业的管理,达到中等职业技术资格的要求。

在编写本书的过程中,编者力求以培养学生职业能力为出发点,以满足岗位需求为基础,关注中等职业技术学校学生的知识层面,突出职业性、实践性、实用性,努力与市场接轨,使学生学以致用,提高学生解决实际问题的能力。

本书由广西商业学校高级讲师、高级面点技师林小岗(第2、4章),广西商业高级技工学校高级讲师吴传钰(第1、3、5章)。在编写过程中,编者参考并引用了有关方面的教材、书籍,在此向有关作者致以诚挚的谢意。

编 者
2017年4月

目 录

第1章 餐饮业成本核算概述 …………………………………………… (1)
学习目标 …………………………………………………………………… (1)
第一节 餐饮业经营特点 …………………………………………………… (1)
第二节 餐饮业的成本构成 ………………………………………………… (4)
第三节 餐饮成本核算的作用 ……………………………………………… (10)
本章小结 …………………………………………………………………… (14)
阅读材料 …………………………………………………………………… (14)
思考与练习 ………………………………………………………………… (17)

第2章 原材料成本核算 …………………………………………………… (20)
学习目标 …………………………………………………………………… (20)
第一节 净料成本的核算 …………………………………………………… (20)
第二节 半制品、熟制品成本的核算 ……………………………………… (24)
第三节 调味品成本的核算 ………………………………………………… (27)
第四节 净料率和成本系数的应用 ………………………………………… (31)
本章小结 …………………………………………………………………… (44)
阅读材料 …………………………………………………………………… (44)
思考与练习 ………………………………………………………………… (45)

第3章 餐饮产品成本核算 ………………………………………………… (47)
学习目标 …………………………………………………………………… (47)

第一节　餐饮产品成本核算的方法 …………………………………… (47)
  第二节　筵席的成本核算 …………………………………………… (55)
  第三节　餐饮成本报表 ……………………………………………… (59)
  本章小结 ……………………………………………………………… (69)
  思考与练习 …………………………………………………………… (69)

第4章　餐饮产品价格的核算 …………………………………………… (72)
  学习目标 ……………………………………………………………… (72)
  第一节　餐饮产品价格的构成 ……………………………………… (72)
  第二节　餐饮产品毛利率的确定 …………………………………… (76)
  第三节　餐饮产品价格的计算 ……………………………………… (78)
  第四节　餐饮产品毛利率的换算 …………………………………… (83)
  第五节　餐饮业产品价格的调整 …………………………………… (87)
  本章小结 ……………………………………………………………… (91)
  阅读材料 ……………………………………………………………… (91)
  思考与练习 …………………………………………………………… (91)

第5章　成本控制 …………………………………………………………… (93)
  学习目标 ……………………………………………………………… (93)
  第一节　餐饮业利润与利润率 ……………………………………… (93)
  第二节　餐饮业成本控制 …………………………………………… (101)
  第三节　餐饮可控费用分析 ………………………………………… (142)
  第四节　成本核算成果的分析 ……………………………………… (145)
  本章小结 ……………………………………………………………… (158)
  阅读材料 ……………………………………………………………… (158)
  思考与练习 …………………………………………………………… (163)

参考书目 …………………………………………………………………… (165)

第1章
餐饮业成本核算概述

学习目标

- 理解餐饮业的经营特点
- 掌握餐饮业的成本构成内容
- 了解餐饮产品成本分类
- 学会餐饮产品成本的构成及餐饮产品成本的要素
- 了解餐饮业成本核算的作用

"民以食为天",此乃亘古不变之真理。餐饮业不仅为人们的经济交往服务,也为人们的日常生活服务。中国大力发展餐饮业,对于繁荣社会经济,提高人民群众的物质和文化生活水平,促进旅游业发展,实现家务劳动社会化及推动社会发展和进步具有重要意义。

中国餐饮业历史悠久,丰富的饮食文化,多民族的饮食习俗,精湛的烹调技艺,在世界上享有盛誉。随着我国加入世界贸易组织,各行业的管理与国际接轨,如何提高企业的竞争力,使传统的餐饮业更具活力,跟上时代的步伐,是我们从业人员必须面临的问题。

餐饮业是由从事餐饮生产经营的单位和部门所组成的行业,处于第三产业的商品流通层次,是密集型产业,是国民经济的重要组成部分。餐饮业是国民经济领域中一个发展较快的行业,开展与加强对餐饮生产经营成本的核算和控制,对促使餐饮企业改善经营管理,降低消耗,制定正确经营决策和合理的餐饮产品销售价格,以获取合理利润,具有重要意义。

第一节 餐饮业经营特点

餐饮业是指专门从事加工、烹饪和出售制品,并提供消费场所、设备和服务性劳动,以满足顾客需要的行业。餐饮业一般包括各类面向社会服务的宾馆、饭店、酒家、餐馆、饭庄、快餐店、甜食店、小吃店、冷饮店、西餐厅、酒吧、茶社，以及餐饮排挡、摊贩；还包括交通运输、度假村、游乐场、歌舞娱乐中的餐饮部门。这些都是商业性餐饮企业和部门，都是以营利为经营目的，并以此获得生存与发展，这是餐饮行业的主体。从广义上讲，餐饮业还应包括以后勤保障为主要目的的餐饮服务部门，例如学校、医院、疗养院、各类社会团体、企事业单位的食堂等。

我国目前对餐饮业的统计范围主要限于商业性餐饮服务企业和部门。随着我国社会主义市场经济的逐步建立和完善，越来越多的事业性餐饮服务部门正在走向市场，餐饮业的范围和规模将迅速扩展。

餐饮业是国民经济领域中一个发展较快且发展前景看好的行业，它的经营活动既不同于一般的生产活动，又不同于一般商业企业的买卖活动，具有自己的特点。

一、具有加工生产、商品销售、消费服务三种职能

餐饮业的产品是通过自己的厨房制作的菜品或点心，直接销售给消费者，同时还要为消费者提供就餐的场所和体贴周到的服务。从餐饮产品的加工制作来看，它具有生产企业的性质；从餐饮产品的直接销售来看，它具有零售商业企业的性质；而从销售过程中为消费者提供场所、用具、服务等方面来看，它又具有服务企业的性质。因此，餐饮企业执行着生产、销售和服务三种职能。

二、经营服务过程与消费过程的统一

餐饮企业是直接向消费者提供产品和劳务的，必须直接接触消费者，才能达到其经营服务活动的目的。它和工农业产品供应不同，工农业产品要经过流通、分配环节提供给消费者消费，在时空上、地点上都不一致；其生产、销售和消费不在同一时空和地点进行。而对餐饮业来讲，当顾客进入消费场所之时，企业服务员即要提供相应的服务；顾客点菜，本身是餐饮企业的一种销售行为，厨房生产人员按照顾客所需的品种和质量要求制作菜点，即为生产环节；菜点上餐桌供顾客食用时，即为消费环节。餐饮业的经营服务活动与消费活动是在同一时间和同一地点进行的，经营服务过程与消费过程同时发生。这种面对面的服务与消费的特点，对餐饮企业在硬件设备、工艺技术、员工素质等诸方面都提出了更高、更直接的要求。

三、餐饮业是劳动密集型产业

根据生产要素供给的密集度，产业一般分为劳动密集型、资本密集型和技术密集型三种。所谓劳动密集型，就是劳动要素在生产要素的投入中所占的份额比较

大。餐饮行业是一种单位劳动占用资金或资本少,技术装备程度相对不高,吸收劳动力较多的产业。同时,餐饮业要求技术工艺性强,主要是以单件生产和手工操作为主,而且餐饮业的切配、烹调技术、面点制作、造型与雕花、各地的名菜名点及特色菜点等,都有其独特的技艺与规程。饭店业多为手工作坊,餐饮产品多为手工单件制作,要借助于手工操作的技能技巧来体现其特点,绝非机器所能完成,在相当一段时期内,难以形成统一的现代化生产及管理。

现阶段,餐饮业是比较典型的劳动密集型行业之一,行业具有投资少,资金周转快,能吸收较多劳动力就业等特点,这一特点也决定了员工工资费用在餐饮成本中占较大的比例。根据我国国情,我国劳动力资源和自然资源相当丰富,积极发展劳动密集型的餐饮业,加快发展餐饮业,对于促进国民经济发展,创建和谐稳定的社会具有重要意义。

四、具有较强的地方特色

餐饮是人们日常生活中极其重要的内容,餐饮业是在长期的历史发展过程中,随着人类对餐饮的不断追求而发展的。不同国家、地区、民族的地理、气候和生活环境、生活习惯不同,对餐饮产品在原材料的使用、加工方法、烹调技艺和饮食习惯上有许多不同。

我国地广人多,又是一个多民族国家,各地区、各民族的生活习惯不同,消费方式各异。因此,形成地区间、民族间在餐饮和劳务需求上的差别。如,山西人爱吃酸、云贵川喜欢食辣、江南人偏爱甜、东北人偏重咸,等等。同时,餐饮业产品、劳务的交换活动也不同于一般的商品交换,不存在餐饮产品在时空上的转移,不存在餐饮业产品与劳务在地区间的调拨,而主要是就地服务。这就要求餐饮经营必须因地制宜,以符合当地群众的餐饮需要。因此,餐饮管理的关键在突出风味特点,办出经营特色,坚持以产品特色和较高的服务质量取胜。

餐饮特色经营是餐饮产品和服务的创新,是餐饮业竞争力的体现,在经营中努力体现经营特色,是餐饮经营的重要目标。什么是特色?就是个性、差异,就是与众不同。什么是餐饮特色经营?那就是在经营过程中采取的符合自身情况的、被消费者认可的、能带来经济效益的、具有明显个性特征的设计和做法。餐饮的经营特色是餐饮企业的经营者对生产力要素——人、财、物、信息、资源在市场中创造性的组合,是经营能力的综合体现。其主要体现在:环境和设施、产品和服务、餐厅和餐饮、文化和娱乐等方面。餐饮经营者要加大开发力度,不断挖掘、借鉴、联想、创新,以地方风情、民族特点、绿色餐饮创造特色,并要让消费者认知特色、传播特色,扩大知名度。

扩大餐饮特色影响的主要途径,一是向消费者宣传;二是消费者认知后相互传播；三是利用新闻媒介宣传。

五、具有灵活多变的经营方式

过去人们用餐只是为了充饥，但是随着经济的发展，"吃"不再仅是为了果腹，而且还要满足心理、审美等多方面的需求。因此，这对餐饮产品质量有更高的要求。"民以食为天"，"食以味为先"，中国菜讲究"色、香、味、形、养"，以味为核心。但是天天吃同一种菜肴，久而久之会食之无味，人们希望更换口味，追求新鲜感。在这种情况下，不论何种形式的餐饮，为了迎合消费者的这种需求，都要不断地推陈出新，在保持经营特色的基础上，开发出新餐饮产品、新风味。

在用餐方式上也要不断更新。传统的经营方法是顾客进餐厅后，由服务员提供菜单进行点菜，然后上菜就餐。而现在不少的就餐者在餐饮活动中常有一种求异、求新的心理，不再固守于旧的进餐方式，时时刻刻都在要求进餐方式的变革。如，现代人的消费观念转变了，不再讲究排场，而是力求简单、自由的就餐方式，同时对就餐的环境氛围也提出了新的要求，或要求环境清静幽雅、温暖舒适，或要求气氛热烈。在这种情况下，各种方便、快捷的餐厅便应运而生了。如，连锁餐饮店满足了人们的快捷要求，超市餐饮更满足了人们求自由、无拘束的要求，而外卖式餐厅、休闲式餐厅等则满足了人们求新求变的心理需求。

灵活经营是一种餐饮营销策略，破除一日三餐的传统经营格局，采用灵活多样的经营方式，广泛吸引客人，扩大餐饮产品销售，其具体经营方式也不断地更新，如，美食节、风味小吃一条街、啤酒节、烧烤吧、乡村绿色餐饮等。随着人们生活水平的提高、生活节奏的加快、消费观念的更新，餐饮企业不断转变经营方式，餐饮市场以连锁经营、特色经营、专业经营、配送服务等多种现代经营方式快速发展。

以上餐饮业的这些基本特点与其成本构成有着密切的关系，换句话说，正是这些特点，导致了餐饮业的成本构成与其他行业成本构成之间的差异。

第二节 餐饮业的成本构成

一、成本的概念

餐饮业成本是餐饮在一定的时期内的生产经营过程中，所发生的费用支出的总和，即餐饮营业额减去利润的所有支出，是企业在生产经营过程中耗费的全部物化劳动和活劳动的货币形式。它包括企业的经营成本、营业费用和企业管理费用。餐饮业成本概括起来主要有以下几个项目：

(1)原材料(包括餐饮产品、材料);
(2)员工的工资费用(包括基本工资、附加工资、奖金津贴);
(3)水电费;
(4)燃料费;
(5)物料用品;
(6)低值易耗品摊销;
(7)商品进价和流通费用;
(8)租赁费;
(9)折旧及摊销费;
(10)福利;
(11)企业管理费(包括办证、接待、广告宣传费等);
(12)维修费;
(13)零星购置;
(14)其他费用支出(包括餐具破损费用,清洁、洗涤费用,办公用品费,银行贷款利息,电话费,差旅费等)。

在任何一个饭店里,主要成本(如原材料成本、人工成本、房屋租赁等)在餐饮成本中比例都很高。可以说,主要成本很大程度上决定餐饮管理能否实现财务目标。因此,应特别重视主要成本的管理和控制。下面简单介绍主要成本中原材料成本、人工成本这两项成本。

(一)原材料成本

原材料成本,是指在餐饮生产经营活动中餐饮产品和饮料产品的销售成本。原材料成本占餐饮成本中的比例最高,是餐饮部门的主要支出。一般情况下,餐饮原料的成本率高于饮料原料的成本率;普通餐饮的成本率高于宴会原料成本率;国内饭店餐饮原料的成本率高于外国行业的成本率。据测算,我国餐饮原料(餐饮产品、饮料)的平均成本率在45%左右。

(二)人工成本

人工成本,是指在餐饮生产经营活动中耗费的活劳动的货币表现形式,它包括工资、福利费、劳保、服装费和员工用餐费用。人工成本率仅次于餐饮产品和饮料的成本率,因而,也是餐饮成本中的重要支出。目前,国内餐饮业中人工成本占总成本的20%左右。

为了更直观地说明原料成本和人工成本在餐饮总成本中的比重,以下列举一个餐饮企业所消耗的各种成本要素的比重,以供参考(见表1-1)。

表 1-1　成本比例参考表

费用项目	比重(%)
原材料(餐饮产品、材料)	45
燃料	1
物料用品	1~3
低值易耗品	5
工资(基本工资、附加工资、奖金津贴)	15~25
福利	3.5
水电费	2
企业管理费	1
其他支出费用	5
合计	78.5~90.5

正因为企业经营中的所有耗费都是广义的成本,人们常常将成本和费用视作同义词。我国财政部制定的有关成本管理的条例,明确规定了不同行业的成本构成范围。一般来说,凡在生产经营过程中发生的各项直接支出,均列入营业成本,而在生产经营过程中发生的各项间接费用,则列入期间费用(包括经营费用、管理费用和财务费用)。这就界定了各个行业成本与费用的区别。

二、餐饮成本的分类特点

(一)餐饮成本的分类

餐饮成本与其他成本一样,可以按多种标准进行分类。餐饮成本分类的目的在于根据不同成本采取不同的控制策略。餐饮产品成本根据其考虑问题的角度不同,其分类方法也不同。主要有以下几种不同的方法:

1.按是否与业务量有关划分为固定成本和变动成本

(1)固定成本,是指不随业务量(产量、销售量或销售额)的变动而变动的那些成本。例如,固定资产折旧费,在一定时期内按财务制度规定提取折旧费的大小是不随业务量的变动而变化的。

(2)变动成本,是指在一定时期和一定经营条件下,随着业务量的变化而变化的那些成本。例如,原料成本、水电能源等,会随着餐饮菜点的生产和销售的增加而增加。因此,原材料成本和水电能源支出属于变动成本。

此类划分主要是为损益分析和成本控制提供理论论据。高层管理以固定成本控制为主;中低层管理以变动成本控制为主,尽量降低成本费用。在划分固定成本和变动成本后,就可利用数学方法分析业务量、成本以及利润(简称量本利)三者之间的盈亏平衡关系,对成本费用进行分析,加强对成本的控制和管理,提高企业的经济效益。

2. 按成本可控程度划分为可控成本和不可控成本

(1) 可控成本,是指在餐饮管理中基层和部门通过自身的努力所能够控制的那些成本。即,可在短期内可以改变其数额大小的那些成本。一般而言变动成本属于可控成本。管理人员若变换每份菜的份额,或在原料油的采购、验收、贮存、生产等环节加强控制,则餐饮产品成本会发生变化。某些固定成本也是可控成本。如,广告和推销费用、管理费等。又如,有关操作人员通过个人精湛的技艺和工作责任心,可节约原料、物料消耗品和水电能源等耗费,使其耗费降低或控制在一定的成本水平上。对可控成本的管理是餐饮成本控制的重要方面。

(2) 不可控成本,是指基层和部门人员通过努力也难以控制,只有高层管理才能掌握的那些成本。固定成本一般是不可控成本。例如,租金、维修费、保险费、固定资产折旧费及按规定提取的福利费等。这些均是按有关制度规定支出的,都是经营管理人员无法通过努力来改变其数额大小的,因此,属于不可控成本。

此两类成本主要是为成本控制的分工和重点掌握提供了依据。部门基层以可控成本控制为主,中高层则以不可控成本控制为主。

3. 按与产品形成关系划分为直接成本和间接成本

(1) 直接成本,是指在产品生产过程中直接耗用而加入到成本中去的那些成本。主要包括原料成本、酒水成本和商品成本三部分。例如餐厅烹制菜肴和制作点心所需的各种原材料费就属于直接成本。

(2) 间接成本,是指那些不属于产品成本的直接支出,而必须用其他方法分摊的各项耗费。例如,工资、水电费、燃料费、修理费、固定资产折旧、销售费用等。

此类划分的作用,在于为部门和全企业成本核算提供理论依据。部门以直接成本核算为主,全企业以间接成本核算为主。

4. 按成本计算的对象划分为总成本和单位成本

(1) 总成本,是指一定时期某种、某类、某批或全部菜点成品的成本总额。

(2) 单位成本,是指单个产品的生产耗费。

例如,制作色拉,批量为 10 份,10 份色拉的总成本为 35 元,则每份色拉的成本为 3.5 元。餐饮业计算成本的对象是单件餐饮品,所以,通常说的餐饮业的产品成本,是指餐饮单位产品的成本。

精确计算餐饮产品的单位成本和总成本是成本核算的核心。

（二）餐饮成本的特点

1. 变动成本比重大

餐饮部门的成本费用中，除餐饮产品饮料外，在营业费用中还有物料消耗等一部分变动成本。这些成本和费用随销售数量的增加而成正比增加。这个特点意味着餐饮价格折扣的幅度不能像客房价格折扣那么大。

2. 可控制成本比重大

除营业成本中的折旧、大修理费、维修费等不可控制的费用外，其他大部分费用成本以及餐饮原料成本，都是餐饮管理人员能够控制的费用。这些成本发生额的多少与管理人员对成本控制的好坏直接相关，并且这些成本和费用占营业收入的很大比例。

3. 成本泄漏点多

成本泄漏点，是指餐饮经营活动过程中可能造成成本流失的环节。餐饮成本的大小受经营管理的影响很大。在菜单计划→采购→验收→贮存→发料→加工切配→烹调→餐饮服务→餐饮推销→销售控制→成本核算等环节中，都存在成本泄漏的机会，即都可能成为成本泄漏点。其具体表现为：

（1）菜单计划和菜品的定价影响顾客对菜品的选择，决定菜品的成本率。

（2）对餐饮产品饮料的采购、验收控制不严，或采购价格过高、数量过多，会造成浪费，数量不足则影响销售。

（3）采购原料不能如数入库，采购原材料质量不好都会导致成本提高。

（4）贮存和发料控制不佳，会引起原料变质，原料被盗也会造成损失。

（5）对加工和烹调控制不好会影响餐饮产品的质量，还会加大餐饮产品饮料的折损和流失量，对加工和烹调的数量计划不合理也会造成浪费。

（6）餐饮服务不仅关系顾客的满意程度，也会影响顾客对高价菜的挑选从而影响成本率。

（7）餐饮推销工作的好坏不仅影响收入，也影响成本率，例如加强宴会上饮料的推销会降低成本率。

（8）销售控制不严，销售的餐饮产品饮料的数量与标准收入不符，会使成本比例增大。

（9）企业若不加强成本的核算和分析就会放松对各个环节的成本控制。

对上述任何一环节控制不严，都会产生成本泄漏，导致成本率增高。

三、餐饮产品成本的构成

根据餐饮业的经营性质，餐饮业成本应由生产、销售和服务三种成本构成。

但是由于餐饮业的经营特点是产、销、服务统一在一个企业里实现,除原材料外,其他(如职工工资、经营费用、管理费用等)成本很难分清用于哪个环节,故难以分别核算,习惯上只计算其生产成本部分,只以原材料作为餐饮产品成本要素,而不包括生产过程中的其他投入。原材料以外的其他各种投入,均另立项目,列在餐饮企业的经营管理费用中计算。对此,我国有关的成本管理条例曾有明文规定。

按照1993年7月1日起施行的《旅游、饮食服务企业财务制度》第七章成本和费用第四十八条之规定:企业在经营过程中发生的各项直接支出,计入营业成本,包括企业餐饮部和餐馆耗用的食品、饮料的原材料、调料、配料成本。这就从制度上对餐饮企业的成本构成了明确的界定。在具体实施过程中,餐饮原材料成本应包括构成餐饮品的主料、配料、调料成本,同时还应包括这些原材料的合理损耗;在加工制作过程中包括菜点的用料,应视同配料列入成本;在外地采购原料的运输费用和在外单位仓库储存原料的保管费、冷藏费亦应列入成本。

四、餐饮产品成本的要素

餐饮业用以烹制餐饮产品的原料,有粮、油,以及鱼、畜、禽、蛋、乳、蔬、果、山珍、海味、干货等。根据其在餐饮品构成中的不同作用,大致可以划分为三大类:主料、配料(也称辅料)和调料(也称调味品)。这三类原材料构成了餐饮产品成本,是核算餐饮产品成本的基础,是餐饮产品成本构成的三要素。

(一)主料

主料是制成各种餐饮产品的主要原料,是餐饮产品的主体,通常以米、面、鸡、鸭、鱼、肉、蛋、山珍、海鲜、干货等为主,也有以水果、蔬菜、豆制品等作为菜肴主料的。一般来说,主料的单位价值较高、耗用量较大,故所占成本的比重也较大(70%以上)。主料成本是构成餐饮产品成本的主体。

(二)配料

配料,也称为辅料,是指制成各种餐饮产品的辅助材料。在各式菜肴、羹汤中充作配料的,以各种蔬菜的根、茎、叶、花、果、为主,以鱼、肉、蛋、禽等次之,耗用量少于主料,单位价值也大都低于主料。

(三)调料

调料也称为调味品,是制成各种口味产品的调味用料(如油、盐、酱、醋、胡椒、味精等),主要起到味的综合调节作用。调料在各种餐饮单位产品里耗用量比较少,所占的成本也比较少。但随着调料不断推陈出新,一些餐饮产品的调料成本也呈不断上升的趋势。

主料和配料是构成餐饮产品的主体。主料、配料成本是餐饮产品成本的主要组成部分,核算餐饮产品的成本,首先要对主料、配料进行成本核算。调料在餐饮产品中的用量比主料、配料少,但调味品的成本也是餐饮产品成本的组成部分。因此,我们在进行餐饮产品成本核算时,一定要认真细致,不管是主料、配料还是调料,都不能遗漏。

第三节 餐饮成本核算的作用

一、餐饮成本核算的概念

餐饮成本核算,是指对餐饮企业生产和销售的一定种类和数量的餐饮产品(包括餐饮产品的组合筵席的原材料)进行综合计算,从而求出某种餐饮产品的总成本和单位成本。要知道餐饮产品的成本是多少,必须对餐饮产品的成本耗用进行计算,那就要记账、算账,建立健全各项制度,以便对餐饮企业的经济活动过程进行记录和分析,对生产投入和产出成果进行比较。这种在餐饮生产经营活动中的记账、算账、分析、比较过程,就是一般意义上的餐饮产品成本核算。

餐饮成本核算是餐饮成本控制的必要手段,是进行餐饮成本控制的基础。所谓餐饮成本核算,不仅包括餐饮产品成本核算,还包括燃料、人工成本、水电费等营业费用,甚至还包括由于管理疏漏或观念陈旧而造成的利润损失。

二、餐饮成本核算的作用

餐饮产品成本是餐饮企业在生产产品中的原材料支出。餐饮企业在保证产品的产量和质量的前提下,产品成本率越低就表示企业工作质量越好,生产经营管理水平越高。正确计算餐饮产品成本,有助于合理制定餐饮产品销售价格,维护消费者的利益,有效降低消耗,争取以尽可能少的投入,取得尽可能多的产出,促进企业改善经营管理,不断改进成本管理工作,以提高经济效益。

(一)正确制定餐饮产品销售价格

餐饮部门生产制作各种菜肴点心,首先要选料,并测算净料的单位成本,然后按菜点的质量要求和构成内容确定主料、配料和调味品的投料数量。各种用料的净料单价和投料数量确定后,菜点的总成本即能计算出来。在此基础上,按企业规定执行的毛利率或成本率幅度,餐饮产品的销售价格便可准确计算出来。

因为:销售成本率=产品成本/销售价格,且销售毛利率+销售成本率=1,故:

$$\text{餐饮产品销售价格} = \frac{\text{产品成本}}{\text{销售成本率}}$$

$$= \frac{\text{产品成本}}{1 - \text{销售毛利率}}$$

[例]制作一份糖醋排骨的成本是18元,你想获得40%的毛利率,这份糖醋排骨你准备卖多少钱?

解:

糖醋排骨的售价=产品成本/(1-销售毛利率)=18/(1-40%)=30(元)

显然,餐饮产品的成本是计算销售价格的基础,成本核算的正确与否,将直接影响销售价格的准确性。因此,要想制定合理的销售价格,必须依赖于准确的成本核算。

(二)有利于控制成本、降低消耗

成本核算的目的是为了控制成本,降低消耗,提高企业的经济效益。餐饮产品的成本要素是原材料,所以要降低产品的成本,必须从降低原材料的成本着手。从餐饮原材料的采购、验收、贮存保管、发放、粗加工、切配、烹饪、销售服务到结账收款等经营的每一个环节都会影响到产品的成本。从餐饮企业现状来看,原材料的使用仍不够合理和充分,各种损耗和浪费较大。此外餐饮原材料价格呈上升的趋势,也给餐饮企业带来压力。面对这种情况,餐饮企业应充分挖掘潜力,要通过严格的成本核算和管理,提高产品加工技术水平,节约原材料,提高原材料的利用率,减少损失浪费,降低费用开支。因此,餐饮企业必须加强餐饮产品的生产、服务、销售全过程的成本控制,精打细算,想方设法降低原材料成本和其他各项消耗。在产品的售价一定的前提下,每降低1元成本费用,企业就会直接增加1元钱的利润额。为此,应加强以下几项工作:

1. 科学地采购进货

采购进货是餐饮产品生产经营服务的第一个环节,也是成本控制的第一个环节。采购人员必须制订合理、符合实际的采购计划,详细列出原材料的品种、规格、单位、数量、单价、结算方式、要货时间、到货时间等。采购计划经厨师长或餐饮部经理审核批准后送交采购部门进行采购。采购要适量,做到不积压、不脱销。采购要做到货比三家,以最合理的价格购买优质的原材料;要多渠道采购,以保证原材料的供应。采购人员必须熟悉业务,熟悉市场供需情况,掌握相关原材料的种类、用途,能鉴别原材料的品质优劣。另外,还必须对采购人员进行经常性的职业道德教育,增强其责任感,使其在采购中,树立成本观念,处处精打细算,减少费用损耗,且购进的原材料价格合理并符合烹调的质量要求。

2.做好原材料的贮存管理

企业应制定原材料验收的操作规程,做好原材料的质、量和价格方面的管理工作。购进原材料后,验收人员依据采购发票进行查对验收。验收时必须严格执行过秤、点数、验质、核对发票等手续。对于鲜活原材料,除由验收人员验收质量和数量外,还要由生产部门再次验收,判断是否符合质量要求。原材料购进后,应合理存放到不同仓库,在适当的温度下贮存。对于可长期贮存的原材料,应根据原料的分类和质地的特点,分别进行存放,要注意通风和卫生,以防霉烂、变质;对于不宜长期贮存的原材料,通常不入库贮存,而直接由厨房领用。这类原材料时效性强,要特别注意勤进快销,以保证货品新鲜。

3.在加工制作中控制原材料成本

在粗加工过程中,应严格按照规定的操作程序和要求进行加工,以达到并保证应有的净料率。对粗加工过程中剔除的下脚料等应尽量回收利用,提高原材料的利用率,降低成本。在切配过程中,应根据原材料的实际情况,整料整用,大料大用,小料小用,下脚料综合利用。配菜时必须严格执行餐饮产品原料耗用配量定额制度,按菜单的规定严格配菜,严禁出现用量不足、过量、以次充好等情况。主料要过秤,不可凭经验随手抓,力求保证菜点的规格与质量。烹调过程中应严格按照操作规程进行操作,掌握好烹饪时间和温度,提高烹调技术,合理投料,力求不出或少出废品,把好质量关。

4.降低经营过程中的各种消耗

经营过程中的各种费用,包括支付给职工的工资奖金,为使用社会其他部门提供的服务而支付的费用,在业务经营过程中的各种物质消耗,以及业务经营过程中其他必要的支出等。因而要节约用水、用电及燃料,严格控制各种物料的消耗;加强经营费用的管理,降低各种消耗,建立健全规章制度,提高劳动生产率,提高服务质量,努力扩大销售。

(三)促进和改善企业经营管理

成本管理是现代社会中必不可少的经济管理工作。随着市场经济竞争的日趋激烈,餐饮业要在竞争中立于不败之地,必须要强化成本管理。因为,在饭菜质量、服务质量相同的情况下,市场竞争最终体现为价格的竞争:谁的成本低,就意味着谁可以在同行业价格上显出优势,从而争取更多的客户和市场,获得更多的利润。企业的一切经营活动都要围绕如何增加经济效益去开展。过去,成本是由财务部门独家管理,这种管理实际上是纸上谈兵,是粗放式的管理方式。因为财务人员不可能时时刻刻都能深入各环节和生产的全过程去控制每一项费用支出,而只能从总量上去核算和管理,而成本费用是发生于生产经营活动的全过程之中,因此,每个经营单位、每个生产环节、每个工作岗位,既是成本费用的支出者,又是成本费用的有效控制者。

成本是反映企业经营活动数量、质量的综合性指标。成本核算是企业经营管理的重要内容之一。成本核算能及时掌握餐饮部门的营业收入、劳动效率、菜肴及点心的质量和数量、原材料消耗以及各种费用开支等情况,以全面考察企业的经营是否合理、管理水平是否先进,从而为财务和管理部门提供及时的、准确的成本和各项费用资料。财务部门将这些来自生产第一线的资料进行会计核算和财务分析,并编制有关财务报表;管理部门运用这些资料与计划进行对比、分析研究,从中发现经营管理中存在的薄弱环节,并采取相应的改进措施。此外,成本核算中提供的资料对新产品的研发、改进制作工艺、提高产品质量等都有极其重要的作用。

可以说,没有正确完整的核算资料,财务管理的决策、计划、管理、控制、分析就无从谈起,只有以核算方法、核算结果为根据,科学的成本核算为手段,进行科学管理,企业才能达到提高经济效益的目的。因此,加强成本核算是强化管理、提高企业的管理水平和经济效益的基础性工作。

(四)揭示产品成本升降的因素,寻求合理降低成本的途径

餐饮企业制定的菜谱标准成本,为厨房烹饪过程中的成本控制提供了依据。但是,餐饮产品成本实际耗用的原材料成本往往会偏离标准成本,即高于或低于标准成本。这时可以通过成本核算查找实际成本与标准成本之间产生差异的原因。如原材料是否充分利用?净料率测算是否准确?净料单价是否准确?是否按规定的标准投料?通过分析找出成本忽高忽低的原因,并提出改进的意见,促进有关部门采取相应的措施,加强净料率的测算和净料成本的测算,使投料规范化、制度化,使实际耗用的原料成本越来越接近或达到标准成本,从而使这种偏差越来越小,达到成本控制的目的。

通过成本核算,可以从所取得的实际产品成本资料中分析产品成本升降的原因,揭示成本变动的规律性,寻求降低成本的合理途径,以改善经营管理、提高企业的经济效益。

[例]判断本期实际成本是否与上期实际成本有差异,查找本期实际成本与上期实际成本差异的原因和影响的因素及影响程度。

上月饭店的销售收入为1 000 000.00元,其产品销售成本为400 000.00元,成本率为40%;本月饭店的销售收入为1 200 000.00元,其产品销售成本为

492 000.00元,成本率为41%。

上月产品销售成本=1 000 000.00×40%=400 000.00(元);本月产品销售成本=1 200 000.00×41%=492 000.00(元),本月产品销售成本较上月增加92 000.00元,分析如下:

由于销售收入的增加,引起销售成本增加:

(1 200 000.00-1 000 000.00)×40%=80 000.00(元)

由于销售成本率的提高,引起销售成本增加:

1 200 000.00×(41%-40%)=12 000.00(元)

两因素共同引起成本增加92 000.00元。其中,销售收入的增加引起销售成本增加80 000.00元,是正常的,是值得肯定的,表明企业在扩大销售方面取得较好的成效。但由于销售成本率提高1%引起销售成本增加12 000.00元,应查明是什么原因造成销售成本率提高1%,应在哪些方面加强成本管理和控制。

本章小结

本章介绍了餐饮业经营特点、餐饮业成本分类、餐饮业成本的构成、餐饮产品成本的要素及餐饮成本核算的作用。餐饮产品成本的要素主要有主料、配料(也称辅料)和调料(也称调味品),是餐饮产品原料成本构成的内容。通常餐饮产品成本是主料、配料和调料成本之和。只有了解成本与营业费用的区别,才能准确计算餐饮产品的成本。在此基础上,充分认识到餐饮成本核算的重要性,通过产品成本核算,制定餐饮产品销售价格,控制产品成本,有效降低消耗,促进企业改善经营管理。

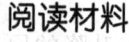

如何打造餐饮品牌核心竞争力

近年来,随着中国居民收入水平增加,生活节奏加快,消费观念更新,餐饮行业得到迅速发展。中国餐饮消费呈现三大发展趋势。具体如下:

一是商务型消费增加。经济的发展促使商务活动增加,商务应酬活动推动了高档次餐饮的迅速发展。二是替代型消费增加。随着经济发展,居民收入增加,越来越多的人选择去酒店消费来代替自己做饭,这集中表现在近些年来年夜饭预订的火爆。三是被迫型消费增加。越来越多的白领人士和进城务工的农民工,因为时间紧,没有条件自己开火做饭,他们迫于无奈,只能被迫在餐馆里就餐,这就促使快餐行业飞速发展。所以餐饮业具有广阔的生存与发展空间,这正是市场突破和行业资源整合的大好机会,故而餐饮业出现了这种新的以渠道变革为突破的商业模式。

当前餐饮行业市场尚处于散点市场阶段,市场集中度不高,地方品牌林立,有的地方甚至于没有品牌,更谈不上行业领导品牌。餐饮企业在餐饮市场竞争无序,各餐饮店大打价格战、服务战、广告战,市场一片喧闹与混乱。许多餐饮店家纷纷关门倒闭,其中也有不少是连锁餐饮企业。面对这种机会和风险并存的市场状况,餐饮企业要想做大做强做长远,沉下心来打造餐饮企业的核心竞争力是关键。根据普拉哈德和哈默尔给出的定义,核心竞争力是能使公司为客户带来特殊利益的一种独有的技能或技术。核心竞争力是企业自己独有并且别人难以复制的关键,一个企业只有具有核心竞争力,才能长久经营,甚至做成百年老店。

笔者认为,可以围绕餐饮企业的战略定位从企业的品牌分众力来打造餐饮企业的核心竞争力。

随着餐饮市场竞争日益激烈,餐饮企业一方面能力有限,另一方面面对的消费者需求多种多样,不可能满足所有消费者的需求,所以需要进行市场细分。完成市场细分,选定目标消费者后,就需要用各种方法吸引该目标消费者,其中一种很重要的手段是打造品牌的分众力。

品牌的分众力就是品牌所具有的一种能够迅速而准确地让消费者对该品牌进行区分能力,这种能力能够让目标消费者迅速地被该品牌吸引住。如当具有高档需求的消费者购买汽车时,宝马品牌所传递的高档舒适能够把他们吸引住;当具有安全需求的消费者购买汽车时,沃尔沃所传递的安全感能够迅速地让目标消费者感兴趣。

餐饮企业品牌分众力对于企业具有以下作用:一是为消费者减少寻找满足其需要的产品所花的精力;二是节约餐饮企业的宣传成本;三是解决餐饮企业资源投入无效问题,提高资源利用率。

对于餐饮企业来说,消费者的餐饮消费需求多种多样。一直以来餐饮企业档次、口味等各方面差异明显,当餐饮企业选定目标消费者后,如何吸引住目标消费者就很关键,这时品牌的分众力就显得非常重要。品牌分众力的打造可以通过以下几个步骤来进行:

一、进行市场细分,选择目标消费群

餐饮企业对市场进行细分可以根据下面两个主要指标来进行:

一是收入。收入是一个餐饮企业区分消费者的重要指标,即该餐饮企业的目标消费群体是高收入消费者、中等收入消费者还是低收入消费者。定位好目标消费群体后就可以有针对性地打造品牌分众力。

二是消费动机。消费动机是定位于提供以商务消费为动机的消费者,还是为上班族解决就餐问题?不同的消费动机对目标消费者的选择影响很大。

进行市场细分的时候要注意分类标准不要太细,分类太细,目标消费者群体太少,会影响餐饮业整体营业额。

二、完成品牌定位,提炼品牌核心价值

完成市场细分、选定目标市场后,下一步就是进行品牌定位。许多品牌如流星一样消失,一个重要原因就是在树立品牌的过程中,忽视了一个最基本也是最核心的问题:缺少对消费者进行心智研究,即所谓的品牌定位。品牌定位是针对目标市场确定、建立一个独特品牌形象并对品牌的整体形象进行设计、传播等,从而在目标顾客心中树立独特的有价值的地位的过程或行动,其着眼点是目标顾客的心理感受。

餐饮企业在进行品牌定位时,可以运用以下几种方法来进行:

其一,酒店档次定位。不同档次的品牌能带给消费者不同的心理感受和体验,高档次的品牌传达了产品高品质的信息,往往通过高价位来体现其价值。笔者前几天走访了深圳男式皮鞋市场,意大利品牌BALLY男鞋价格高于5000元,铁狮东尼男鞋每双售价在2000~10 000元,皮鞋展厅里搭配销售的一个钱包也高达千元。尽管如此,在现场仍然能看到许多消费者购买。高档酒店和大排档提供的饭菜差别也许不大,但是高档酒店让人产生生活有档次的感觉。

其二,消费群体定位。该定位直接以产品的消费群体为诉求对象,突出产品专为该类消费群体服务,来获得目标消费群的认同。把品牌与消费者结合起来,有利于增进消费者的归属感,使其产生"我自己的品牌"的感觉。在深圳,做北方菜的餐饮店较少,餐饮企业更少,因为在深圳北方人相对较少,但是这些餐饮店生意却也不错,因为北方人在这里能找到自己喜欢吃的饺子、大饼、面。

其三,情感诉求定位。该定位将人类情感中的怀念、思念等情感融入品牌中,使消费者在购买产品的时候获得这些情感体验,唤起内心的认同和共鸣。在上海,川妹子豆花村餐饮以川妹子为情感诉求;深圳第一人民公社,装修是五六十年代的农村人民公社的大队风格,专门为一些下乡知青和从农村出来的具有怀旧情结的人士服务,并且需要提前预约,价格中高档,很多40~60岁的人非常喜欢这个地方,感觉在这里能找到年轻的过去。这就是一个典型的餐饮企业情感定位成功的案例。在传播推广中,消费者很难记住品牌的各种特点,企业需要对品牌的核心价值进行提炼。核心价值应该是能够充分表现出企业的优势,同时能满足消费者需求的一个最佳的企业优势组合,它可以是企业的多个优势中的一个,也可以是能够

把所有的优势都涵盖的一个价值。

三、进行低成本、聚集式的品牌整合传播

整合营销传播主张把企业的一切营销和传播活动,如广告、促销、公关、新闻、直销、CI、包装、产品开发进行一元化的整合重组,让消费者从不同的信息渠道获得对某一品牌的一致信息,以增强品牌诉求的一致性和完整性。

对于餐饮企业来说,它具有大市场、小企业的特点,消费人群广,却相对分散,广告的影响力相对较小,品牌传播的难度也越来越大。显然,粗放式广告传播方式已经不适合餐饮企业塑造品牌的需求,餐饮企业必须围绕自己的主题战略,通过品牌的整合传播,将海报、报刊、户外等营销和传播活动合理组合起来,用有限的成本创造最大收益。

餐饮企业可以选择从CI、促销、广告各方面进行整合。

其一,广告方面:可以制作宣传小册子、海报、户外广告牌、POP广告、工商目录进行宣传。

其二,促销方面:可以举办赠送优惠券、表演、奖励、会员卡、套餐等来进行。要保证选取的所有手段围绕着一个品牌主题,构建一个适合自己的营销和传播方式的组合,从空中、地面各个渠道让消费者获得对某一品牌的一致信息。

笔者在服务川府王老掌柜连锁酒楼的时候,以"老掌柜"消费者资讯库为基础,以"老掌柜"主题战略为核心,把广告、公关、促销、事件营销等都作为有机、有效的传播工具,紧扣战略说话,用"老掌柜"一种声音说话,达到了很好的传播效果。

(资料来源:中国吃网,http//www.beat.com/.有删减。)

思考与练习

(一)选择题

1.下列不属于我国目前对餐饮业的统计范围的是(　　)。

A.餐馆　　　　B.快餐店　　　　C.餐饮排档　　　　D.食堂

2.直接成本是指在产品生产过程中直接耗用而加入成本中去的那些成本。下列属于餐饮业直接成本的是(　　)。

A.工资　　　　B.水电费　　　　C.原料成本　　　　D.燃料费

3.下列属于餐饮企业的间接成本的是(　　)。

A.工资　　　　B.水电费　　　　C.燃料费　　　　D.主料

4.可控成本是指在餐饮管理中基层和部门通过自身的努力能够控制的那些成本,如(　　)。

A.水电能源　　　B.管理费用　　　C.保险费　　　D.固定资产折旧费

5.经营管理人员无法通过努力来改变其数额大小的是(　　)。

A.可控成本　　　B.不可控成本　　　C.直接成本　　　D.间接成本

6.餐饮原材料成本应包括构成餐饮产品的主料、配料、调料成本,同时还应包括(　　)。

A.燃料费　　　　　　　　　　B.水电费

C.原材料的合理损耗　　　　　D.差旅费

7.餐饮原材料成本应包括(　　)。

A.原材料的合理损耗　　　　　B.外地采购原料的运输费用

C.在外单位仓库储存原料的保管费、冷藏费

D.燃料费用

(二)判断题

1.餐饮企业的餐饮产品成本率越低越好。　　　　　　　　　(　　)

2.餐饮业是由从事餐饮生产经营的单位和部门所组成的行业,处于第三产业的商品流通层次,是国民经济的重要组成部分。　　　　　　　(　　)

3.狭义上的餐饮业还应包括以后勤保障为主要目的的餐饮服务部门,例如学校、医院、疗养院、各类社会团体、企事业单位的食堂等。　　　(　　)

4.餐饮业的经营活动与一般生产的生产活动及一般商业企业的买卖活动性质相同。　　　　　　　　　　　　　　　　　　　　　　　　　(　　)

5.现阶段,餐饮行业是比较典型的技术密集型行业之一。这种行业具有吸收劳动力就业不多等特点,这就决定了员工工资费用在餐饮成本所占的比例不大。　　　　　　　　　　　　　　　　　　　　　　　　　　(　　)

6.餐饮业具有加工生产、商品销售、消费服务三种职能。　　(　　)

7.一般来说,凡在生产经营过程中发生的各项直接支出,均列入营业成本,而在生产经营过程中发生的各项间接费用,则列入期间费用。　　(　　)

8.部门基层以不可控成本控制为主,中高层则以可控成本控制为主。(　　)

9.主料、配料、燃料是核算餐饮产品的基础,即所称的餐饮产品成本构成的要素。　　　　　　　　　　　　　　　　　　　　　　　　　(　　)

10.调味品在餐饮产品中的用量比主配料要少得多,其成本不属于餐饮产品成本的组成部分。　　　　　　　　　　　　　　　　　　　(　　)

(三)理解思考

1.餐饮业的经营特点是什么?

2.什么是成本?什么是餐饮业成本?

3.成本核算的作用有哪些?

4.餐饮产品成本三要素是指什么?

5.在餐饮成本控制上往往存在两个误区:一是餐饮成本越低越好。在餐饮成本管理中,许多人往往存在一种误解,认为控制成本就是减少成本支出的绝对额和降低成本率。其实这是对餐饮控制的片面理解;二是认为餐饮是高档消费场所,高价格、高毛利体现了饭店的档次。其实这也是一种误解。试思考:在新的餐饮形势下,你认为应如何进行成本控制?

第 2 章
原材料成本核算

学习目标

- 掌握主配料一档一料和一档多料的成本核算方法
- 掌握半制品和熟制品加工成本核算方法
- 掌握调味品成本的核算方法
- 了解净料率的含义,掌握净料率的计算方法,并能利用净料率解决生产中的实际问题
- 理解成本系数的概念,并能运用成本系数计算变动时的原料成本

第一节 净料成本的核算

主配料是构成餐饮产品的主体。主配料是产品成本的主要组成部分,要核算产品成本,必须首先核算主配料的成本。

餐饮产品的主配料,一般要经过清理、拣洗、宰杀、拆卸、泡发、初熟等加工处理后,才能用来配制成品。没有经过加工处理,不能用以直接配制成品的原料称为毛料,如活鸡、活鸭、活鱼、干货、未经拣洗的蔬菜等;经过加工处理,可用来直接配制成品的原料称为净料,如光鸡、光鸭、净全鱼、净肉、已涨发的干货、经过拣洗的蔬菜等。

主配料净料成本的核算是餐饮业产品成本核算的环节,净料成本的高低,直接影响着产品成本的高低。影响净料成本的因素有两个:一是原料的购进价格、质量优劣和加工处理前的损耗程度;二是净料率(出料率)的高低,同一种原料净料率越高,它的成本就越低;反之,净料率越低,它的成本就越高。根据加工处理过程的不同,毛料转化为净料后其原有数量都将发生相应的变化。一般来说,鲜货原料经过拣洗、宰杀、拆卸等过程重量将减少;干货原料经过清洗、涨发等过程重量则会增加。

餐饮业的原料加工有生料加工技术、半制品加工技术和熟制品加工技术三个方面。

生料加工技术是指对生原料或者鲜活原料进行整理、拣洗、宰杀、分档、出肉、切形、腌制以及干货涨发等。在加工过程中,生产人员责任心强,技术娴熟,原料可用部分就多些,即出成率就高些;生产人员责任心差些,技术不到家,原料可用部分就少些,浪费就多些,即出料率就低些。例如,择洗空心菜,责任心强、经验丰富的师傅,将空心菜苗、空心菜梗都能做成菜肴;而有的师傅就择下空心菜苗,其余部分丢掉了。又如,宰杀鸭子,有的师傅将鸭血、鸭内脏、鸭身、鸭头、鸭脚一起留着;有的师傅只要鸭身,其他却没有充分利用。再如,有责任心、有经验的师傅剔鱼肉时,能将鱼头、鱼肉、鱼骨、鱼尾分档下料,综合利用,制作出不同的菜肴出售;有的师傅只知道剔下鱼肉做成菜肴出售,其余的部分作为下脚料炒职工餐处理了。不同的态度,不同的技术水平,不同的加工方法,都会造成原料利用的程度不同,其创收效果也不同。

对原料的加工处理,根据加工处理过程的不同所得到的净料,可分为一料一档或一料多档两种情况。

一、一料一档成本的核算方法

所谓一料一档是指原料(毛料)经过加工处理后,只能得到一种净料。一料一档的成本计算方法有两种:

(1)毛料经过加工处理后,只有一种净料,而没有可以作价利用的下脚料。此种情况下,可用毛料总值除以净料重量,即求得净料单位成本。其计算公式如下:

$$净料单位成本 = \frac{毛料总值}{净料重量}$$

或

$$净料单位成本 = \frac{毛料重量 \times 毛料单价}{净料重量}$$

[例1]现厨房购进芹菜18千克,价款54.00元,经过去叶、根后,得净芹菜12千克,求净芹菜的单位成本。

解:

$$净芹菜单位成本 = \frac{毛料总值}{净料重量} = \frac{54.00}{12} = 4.50(元/千克)$$

答:净芹菜的单位成本为4.50元/千克。

[例2]购进冬笋40千克,单价为15.60元/千克,经过剥壳并切除不能食用的

老根后,得净冬笋12千克,求:(1)冬笋的单位成本是多少?(2)若一份菜肴需用净冬笋150克,该菜肴中冬笋的成本是多少?

解:

(1)净冬笋单位成本 $= \dfrac{毛料重量 \times 毛料单价}{净料重量} = \dfrac{40 \times 15.60}{12} = 52.00(元/千克)$

(2)一份菜肴冬笋的成本 $= 0.15 \times 52.00 = 7.80(元)$

答:净冬笋的单位成本为52.00元/千克,一份菜肴冬笋的成本是7.80元。

(2)毛料经过加工处理后,只得到一种净料,但同时又有可以作价利用的下脚料,此种情况,则必须先从毛料总值中扣除这些下脚料的价款,再除以净料重量,即求得净料单位成本。其计算公式如下:

$$净料单位成本 = \dfrac{毛料总值 - 下脚料的价款}{净料重量}$$

[例1]一只活鸡重1.8千克,每千克进价20.00元,经过宰杀、洗涤得光鸡1.2千克,鸡爪作价1.20元,鸡肝、胗作价1.80元,试求生光鸡的单位成本是多少?

解:

$$光鸡的单位成本 = \dfrac{毛料总值 - 下脚料的价款}{净料重量}$$

$$= \dfrac{1.8 \times 20.00 - (1.20 + 1.80)}{1.2} = 27.50(元/千克)$$

答:生光鸡的单位成本是27.50元/千克。

[例2]某饭店购进去膛光鸡5千克,其进货单价为22.00元/千克,加工处理后得净鸡肉3.2千克,鸡骨作价6.00元/千克。求:(1)净鸡肉的单位成本是多少?(2)若一份菜肴需用净鸡肉250克,该菜肴中鸡肉的成本是多少?

解:

(1)净鸡肉的单位成本 $= \dfrac{毛料总值 - 下脚料的价款}{净料重量}$

$$= \dfrac{5 \times 22.00 - [(5 - 3.2) \times 6.00]}{3.2} = 31.00(元/千克)$$

(2)每份菜肴净鸡肉的成本 $= 0.25 \times 31.00 = 7.75(元)$

答:净鸡肉的单位成本是31.00元/千克,一份菜肴的成本是7.75元。

二、一料多档成本的核算方法

所谓一料多档是指原料(毛料)经过加工处理后,得到一种以上的净料。这时就应当分别计算每一种净料的成本。一料多档的成本核算方法有以下几种:

(1)如果所有净料的单位成本都是没有计算的(未知的),则可本着按质论价的原则,并参照市场行情,根据各种净料的重量,逐一确定它的单位成本。各档净料的成本之和应等于毛料进价的总值。用公式表示,即:

净料①总值+净料②总值+净料③总值+……+净料ⓝ总值=毛料进价总值

[例]购进带皮带骨猪肉20千克,单价为22.00元/千克,经分档取料,得到瘦肉11.5千克、肉皮1.4千克、汤骨1.8千克、膘肉5.1千克、损耗0.2千克。根据质量并参照市场行情各档净料的单价:瘦肉28.00元/千克,肉皮6.00元/千克,汤骨20.00元/千克,膘肉14.00元/千克。即:

毛料进价的总值=20×22.00=440.00(元)

各档净料的成本之和=11.5×28.00+1.4×6.00+1.8×20.00+5.1×14.00
=437.80(元)

毛料进价总值-各档净料成本之和=440.00-437.80=2.20(元)

各档净料的成本之和等于毛料进价的总值,如按市场行情:各档净料的成本之和大于毛料进价的总值,说明在分档取料上损耗小;如各档净料的成本之和小于毛料进价的总值,说明在分档取料上损耗大。如果各档净料的成本之和与毛料进价的总值相差过大,则应对净料的已知单价做出调整,根据各档净料的重量、单价将差额分摊到各档净料当中去。

(2)如果所有净料中,只有一种净料的单位成本需要测算,其他净料的单位成本都是已知的,则可以从毛料总值中扣除已知净料的总成本之后,再除以该种净料重量,求得它的单位成本。计算公式如下:

$$某种净料单位成本 = \frac{毛料总值 - 其他各档净料成本总和(含下脚料)}{某净料重量}$$

[例]现制作剁椒鱼头,购一条大头鱼重2.5千克,单价16.00元/千克,经宰杀、去脏、去鳞,分档取料得鱼头1.2千克,中段部分0.8千克,鱼尾部分0.3千克。现中段部分单价为12.00元/千克,鱼尾部分单价为10.00元/千克,求鱼头的单位成本。

解:

$$\text{鱼头的单位成本} = \frac{2.5 \times 16.00 - (0.8 \times 12.00 + 0.3 \times 10.00)}{1.2} = 22.83(元/千克)$$

答:鱼头的单位成本是 22.83 元/千克。

(3)如果所有净料中,有些净料的单位成本是已知的,有些是未知的,可先把已知的那部分净料的总成本计算出来,从毛料总值中扣除,然后根据未知的净料的重量,依照市场行情逐一确定其单位成本。

[例]厨房购进一批去膛光鸭共 24 千克,其进货单价为 16.00 元/千克,经加工处理后得鸭脯肉 5 千克,鸭腿 10 千克,鸭爪 2 千克,鸭骨、鸭脖 7 千克。参照市场行情,已知:鸭腿肉 20.00 元/千克,鸭爪 12.00 元/千克,鸭骨、鸭脖 6.00 元/千克,求鸭脯肉的单位成本是多少(不计损耗)?

解:

$$\text{鸭脯肉的单位成本} = \frac{24 \times 16.00 - (10 \times 20.00 + 2 \times 12.00 + 7 \times 6.00)}{5}$$

$$= 23.60(元/千克)$$

答:鸭脯肉的单位成本是 23.60 元/千克。

第二节 半制品、熟制品成本的核算

除了将毛料经加工处理后得生净料外,在行业中一些原料需经调味、腌制、加热成熟等工序加工处理,形成半制品或熟制品,为下一步形成菜肴做准备。例如,对新鲜植物性原料进行焯水;对动物性原料进行腌制以及水煮、卤制、过油、油炸;干货涨发等。

餐饮业产品熟制加工过程是原料加工的最后阶段,也是对产品质量把关的最后一道关卡。在熟制加工阶段,调味准确、火候适度,是确保产品色、香、味、形、质俱佳的关键,这也对产品的成本、企业的创收有影响。例如,制作菜肴时,调味料下多了,不仅造成菜肴味道不合适,而且也增加了成本和损耗。如果火候没有掌握好,过火了或多次熟制加工,损耗率就会加大,出料率就会降低。如卤牛肉、卤猪肚等,每卤一次,都有一定的损耗率。有责任心、有经验的师傅,对新鲜植物性原料焯水时,焯到适度,出料率就高些;责任心差、经验不足的师傅,由于粗心大意或者技术的原因,掌握不好火候,将原料焯过了火,出料率就低些。又如,责任心强、有经验的师傅涨发干货时,力争原料发足发透,出料率就高些;否则就低些。有责任心、有经验的师傅腌制肉类原料时,如腌制肉片、肉丝,按要求比例下料进行腌制,不但改变了肉质,使肉质变得嫩、滑、脆,而且增加了重量,出料率也就增高了;如果过油过老,影响原料的嫩滑、爽脆,出料率也相对降低。油炸的鱼块、排骨、花生等,也要掌握适度,而且能当天销售完毕,不要剩得过多,次日每翻炸一次,都有一定的损耗率。

一、半制品成本的核算方法

半制品是指原料经过初步熟处理后,但还没有完全加工成为成品的净料,如白煮肉、肉丸、油发肉皮等。成熟后的半制品重量上有所改变,在计算过程中要根据半制品重量的改变进行,注意减去损失的重量或加上增加的重量。根据加工方法的不同,半制品可分为无味半制品和调味半制品,调味半制品需加调味品的成本。半制品单位成本的计算公式如下:

$$无味半制品单位成本 = \frac{原料进价总值 - 副产品总值(含下脚料价值)}{半制品重量}$$

$$调味半制品单位成本 = \frac{原料进价总值 - 副产品总值(含下脚料价值) + 调味品成本}{半制品重量}$$

[例1] 干肉皮2千克用油炸、水泡软,发成6千克。在油发过程中耗油400克,已知干肉皮单价为18.00元/千克,油的单价为15.00元/千克,求油发肉皮的单位成本。

解:

$$油发肉皮的单位成本 = \frac{干肉皮进价总值 + 耗油价值}{油发肉皮重量}$$

$$= \frac{2 \times 18.00 + 0.4 \times 15.00}{6} = 7.00(元/千克)$$

答:油发肉皮的单位成本为7.00元/千克。

[例2] 购进五花肉4千克,单价为24.00元/千克,经用水白煮后出料率为80%,试计算白煮五花肉的单位成本。

解:(1)先计算出白煮五花肉的出品重量,即

煮后五花肉的出品重量=4×80%=3.2(千克)

(2)根据公式

$$五花肉的单位成本 = \frac{原料进价总值}{半成品重量}$$

$$=\frac{4\times24.00}{3.2}=30.00(元/千克)$$

答:白煮五花肉的单位成本是 30.00 元/千克。

二、熟制品成本的核算方法

熟制品也称制成品,是指原料经加工处理后进行熟处理的半成品或成品,多系卤、熏、拌、煮、烤等方法加工而成,可以用作冷盘菜肴的制成品。其成本结构与调味半制品类似,由主配料成本和调味品成本构成。熟制品单位成本的计算公式如下:

$$熟制品单位成本=\frac{毛料总值-下脚料总值+调味品价值}{熟制品重量}$$

[例1]购进鲜牛肉 3 千克,单价为 68.00 元/千克。经加工制得熟肉丸 3.8 千克,计耗用调味品约 4.00 元,求肉丸的单位成本。

解:

$$肉丸的单位成本=\frac{原料进价总值+调味品价值}{熟肉丸重量}$$

$$=\frac{3\times68.00+4.00}{3.8}=54.74(元/千克)$$

答:肉丸的单位成本是 54.74 元/千克。

[例2]青鱼一条重 2 千克,单价为 18.00 元/千克,经剖洗加工,其净料腌制后熏制得熏鱼 1.3 千克,耗用调味品约 4.00 元,试求熏鱼的单位成本是多少?

解:根据计算公式

$$熏鱼的单位成本=\frac{2\times18.00+4.00}{1.3}=30.78(元/千克)$$

答:熏鱼的单位成本是 30.78 元/千克。

对于调味品成本多采用估算方法,但如果我们在实际运用中找出规律,分类掌握其调味品的标准成本,则只要把无味半制品成本计算出,然后加上调味品的成本就行。

[例3]瘦猪肉 8 千克,单价为 26.00 元/千克,经加工成叉烧,称重为 5.2 千克,

耗用调味品按每千克叉烧1.20元计算,求叉烧的单位成本是多少?

解:

$$叉烧的单位成本 = \frac{8 \times 26.00}{5.2} + 1.20 = 41.20(元/千克)$$

答:叉烧的单位成本是41.20元/千克。

第三节　调味品成本的核算

我国的餐饮产品历来讲究色、香、味、形俱全,其中尤其强调以味为本。餐饮产品丰富多样的鲜美滋味,除了来自主、配料具有的滋味外,很大一部分来自各种各样的调味品。不同的餐饮产品使用调味品的量有较大的区别,有的餐饮产品使用调味品的成本占整个产品成本比例很小;有的餐饮产品使用调味品的成本占整个产品很大,甚至超过主、配料的成本。随着复合调味品的迅速发展,天然风味调料的开发利用,保健调料的兴起,以及新科技在调料中的应用,调味品的种类将更加丰富多彩,调味品的质量也将有所提高,调味品成本在餐饮产品成本中的比重也将越来越大。因此要精确地核算餐饮产品成本,必须要认真地做好调味品成本的核算工作。

一、调味品用量的估算方法

调味品种类繁多,但用量较少,而且在使用时往往是随取随用,故难以在事前或烹调中称量,而多采用估算的方法来确定调味品的耗用量。通常可采用以下三种方法:

1.容器估量法

容器估量法就是在已知某种容器容量的前提下,根据调味品在容器中所占比例的大小,估计其数量,再根据该调味品的购进单价算出其成本。这种方法一般用来估量液态调味品,如酱油、料酒、蚝油、番茄酱等。如,卤制某原料估量耗用酱油约150毫升,该酱油单价为2.80元/500毫升,那么耗用酱油的成本为150/500×2.80=0.84元。

2.体积估量法

体积估量法就是在已知某种调味品在一定体积中的数量的前提下,估计其数量,而后按该调味品的购进单价,看出其成本。这种方法大都用于粉质或晶态的调味品,如盐、糖、味精、鸡精、胡椒粉、干淀粉等。例,现烹制拔丝苹果,估量耗用白砂糖300克,白砂糖的单价为5.20元/千克,那么耗用白砂糖的成本为5.2×0.3=

1.56元。

3. 规格比照法

规格比照法就是比照主、配料质量相仿,烹调方法相同所生产的某些老产品的调味品用量,来确定新产品调味品用量的一种方法。此种方法对主、配料相似,烹调方法相同的餐饮产品的成本核算较为方便。如比照拔丝苹果的糖、油用量来估算拔丝芋头的用糖、油量,得出拔丝芋头的糖、油用量的成本;比照糖醋排骨调味品的用量来估计糖醋咕咾肉调味品用量,得出糖醋咕咾肉调味品的成本。

二、调味品成本的核算方法

餐饮产品的生产加工基本上可分为两种类型,即单件生产和批量生产。单件生产以各类热炒菜为主,批量生产以卤制品和各种主食、点心为主。因此调味品的成本核算须根据不同类型的生产加工,采用不同的方法。

1. 单件调味品成本的核算

单件调味品的成本核算是指单件制作产品的调味品成本,也称个别调味品成本,各种单件生产的菜肴的调味品成本都属于这一类。核算这类产品的调味品成本,先要把各种调味品用量估算出来,然后根据其购进单价,分别计算出其价款,最后合计即得。

单件调味品的成本计算公式是:

单件调味品的成本＝单件产品耗用的调料①成本+调料②成本+……+调料ⓝ成本

[例1]某餐馆制作茄汁菊花鱼,耗用各种调味品数量及单价分别是:

调味品名称	数量(克)	单价(元/千克)
番茄酱	100	12.00
香醋	75	2.00
绵白糖	150	5.00
调和油	100	16.00
烹调淀粉	100	3.00
精盐、味精	适量	0.20

求茄汁菊花鱼调味品的成本。

解:(1)根据公式先计算出每种调味品的成本:

番茄酱　　　　　0.10×12.00=1.20(元)
香醋　　　　　　0.075×2.00=0.15(元)
绵白糖　　　　　0.15×5.00=0.75(元)
调和油　　　　　0.1×16.00=1.60(元)
烹调淀粉　　　　0.10×3.00=0.30(元)
精盐、味精　　　约0.20(元)

(2)将每种调味品的成本相加,得到该菜肴的调味品成本,即:
$$1.20+0.15+0.75+1.60+0.30+0.20=4.20(元)$$
答:茄汁菊花鱼的调味品成本为4.20元。

[例2]现自制麻辣油5千克,用去干辣椒0.8千克(单价36.00元/千克),花椒0.3千克(单价48.00元/千克),麻油0.5千克(单价28.00元/千克),花生油4.5千克(单价18.00元/千克),问每100克自制麻辣油的成本是多少?

解:(1)先计算各调味品成本之和
$$0.8×36.00+0.3×48.00+0.5×28.00+4.5×18.00=138.20(元)$$

(2)求出100克麻辣油的成本
$$\frac{138.2}{5.0\times 10}=2.76(元)$$

答:每100克麻辣油的成本是2.76元。

2.批量生产调味品成本的核算

批量生产调味品的成本是指批量生产的产品的单位平均调味品成本。烧、卤制品和各种主食、点心类制品等都属于这一类。在批量生产的情况下,调味品的使用量较多,使用时应尽量过秤,力求调味品的投放量准确。批量生产调味品的成本核算可分为两步进行:先按调味品的用量和购进单价,分别计算出产品各种调味品的成本,并算出调味品的总成本;然后用调味品的总成本来除产品的总数量(或重量),求出每一单位产品的平均调味品成本。

批量产品的平均调味品成本的计算公式是:

$$平均调味品成本=\frac{批量生产耗用调味品总成本}{产品总量}$$

[例1]某餐馆用生猪舌12千克,制成卤猪舌8.4千克,经估量或实称共耗用各种调味品数量及其价款为:酱油1000克,3.80元;白糖350克,2.00元;料酒500

克,2.80元;生抽150克,1.00元;味精10克,0.20元,葱、姜少许,0.80元;八角、桂皮等香料少许,1.20元。试求每100克卤猪舌的调味品成本。

解:(1)将各种调味品成本价款相加,得出这批卤猪舌的调味品成本总值

$$3.80+2.00+2.80+1.00+0.20+0.80+1.20=11.80(元)$$

(2)求出每100克卤猪舌调味品的成本

$$\frac{11.80}{8.4 \times 10}=0.14(元)$$

答:每100克卤猪舌的调味品成本是0.14元。

[例2]某茶楼生产200份小笼汤包,耗用的各种调味品数量及单价如下:

调味品名称	数量(克)	单价(元/千克)
酱油	1800	3.20
白糖	200	5.20
料酒	150	5.60
小磨麻油	250	26.00
味精	80	24.00
胡椒粉	25	48.00
生姜	500	6.00
盐、碱等	适量	2.00

解:(1)计算200份小笼汤包所耗用的调味品成本总值

$1.8\times3.20+0.2\times5.20+0.15\times5.60+0.25\times26.00+0.08\times24.00+0.025\times48.00+0.5\times6.00+2.00=22.26(元)$

(2)求出每份小笼汤包的调味品成本

$$\frac{22.26}{200}=0.11(元)$$

答:每份小笼汤包的调味品成本是0.11元。

如果调味品的规格、质量和单价不变,则其成本也不会变。用于成批制作产品

的调味品的规格、质量应尽可能稳定不变,这不仅使产品的成本、售价和毛利相对稳定,而且有利于保证产品的质量。

第四节 净料率和成本系数的应用

从主、配料成本核算的基本方法可以看出,不论哪种主、配料,要计算其成本,首先必须知道拆卸、半制和熟处理后的重量,否则就不可能计算出它的净料单位成本。但是,餐饮企业无论规模大小,每天购进原材料的品种和数量都很多,对于原材料处理后的净重,不可能每一样都过秤称重,否则,工作量就太大了。餐饮企业在长期实践中总结出净料重量变化的规律,就是在原料规格质量大体相同,原料加工处理技术水平类似的情况下,原料的净料重量和毛料总量之间通常保持一个稳定的比率关系,运用这个比率可以直接计算出净料的重量或净料的单位成本。

一、净料率和计算方法

所谓净料率,就是净料重量与毛料重量的比率,其计算公式为:

$$净料率 = \frac{净料重量}{毛料重量} \times 100\%$$

净料率以百分数表示,净料率在餐饮行业中也称为"出成率""出品率""折卸率"等。餐饮行业师傅也有习惯于用"折"或"成"来表示的。鲜货经加工处理后,净料率一般小于100%;干货经加工处理后,净料率一般大于100%。

[例1]购进活鸡一只,重量为2千克,经宰杀、去毛、去内脏、洗涤处理后,得生光鸡1.4千克,试计算生光鸡的净料率。

解:代入计算公式

$$生光鸡的净料率 = \frac{1.4}{2} \times 100\% = 70\%$$

答:生光鸡的净料率为70%。

[例2]某厨房将干鱿鱼3千克涨发后得到水发鱿鱼4.8千克,求干鱿鱼的净料率。

解:由净料率公式

$$干鱿鱼的净料率 = \frac{4.8}{3} \times 100\% = 160\%$$

答:干鱿鱼的净料率为160%。

如前所述,净料可分为生料、半制品和熟制品三类,相应的净料率也有生料率、半制品率和熟品率,其计算公式是一样的。

[例3]现购进鲜猪肚6.4千克,经洗涤、卤制称重量为3.7千克,问卤猪肚的熟品率是多少?

解:代入计算公式

$$卤猪肚的熟品率 = \frac{3.7}{6.4} \times 100\% = 58\%$$

答:卤猪肚的熟品率是58%。

二、净料率的应用

(1)利用已知的净料率和毛料的重量,可以计算出净料的重量。其计算公式为:

$$净料重量 = 毛料重量 \times 净料率$$

或

$$净料重量 = 毛料重量 \times (1 - 损耗率)$$

[例]现购进干香菇2.5千克,已知干香菇的净料率为300%,求可涨发多少水发香菇?

解:代入计算公式

$$净料重量 = 2.5 \times 300\% = 7.5(千克)$$

答:可涨发7.5千克水发香菇。

(2)利用净料率和净料的数量,还可以计算出毛料的数量。其计算公式为:

$$毛料数量 = \frac{净料数量}{净料率}$$

[例1]某餐馆办20桌宴席,需冬笋肉6千克,如冬笋的净料率为35%,问应购进多少千克冬笋?

解:代入计算公式

$$应购进冬笋数量 = \frac{6}{35\%} = 17.14(千克)$$

答:应购进17.14千克的冬笋。

[例2] 某饭店制作22份白汁扒蹄筋,每份按750克水发蹄筋投料,如干蹄筋的净料率是350%,问需要多少干蹄筋?

解:(1)22份菜肴所需水发蹄筋的重量=22×750=16 500(克)

(2)根据公式

$$22\text{份菜肴所需干蹄筋的重量} = \frac{16.5}{350\%} = 4.71(千克)$$

答:制作22份白汁扒蹄筋需要4.71千克干蹄筋。

根据所需净料数量和净料率可以方便地计算出所需毛料的数量,这样可以及时准确地采购原材料,这是餐饮行业中常用的方法。

(3)利用净料率还可以直接将毛料成本单价换算为净料成本单价,这就方便了各种主、配料成本的计算。其计算公式为:

$$\text{净料单价} = \frac{\text{毛料单价}}{\text{净料率}}$$

[例1] 现活鸡的市场价格是18.00元/千克,按活鸡的净料率是70%,问净光鸡的单价是多少(鸡肝、胗不作价)?

解:根据公式

$$\text{净光鸡的单价} = \frac{18.00}{70\%} = 25.71(元/千克)$$

答:净光鸡的单价是25.71元/千克。

[例2] 鲜猪肚的单价为48.00元/千克,如猪肚的熟品率为60%,试求熟猪肚的单价是多少?若一盘凉拌肚丝需熟猪肚200克,问该菜肴熟猪肚的成本是多少?

解:

(1)熟猪肚的单价 $= \frac{48.00}{60\%} = 80.00(元/千克)$

(2)菜肴熟猪肚的成本=80.00×0.20=16.00(元)

答:熟猪肚的单价是80.00元/千克,每盘"凉拌肚丝"的熟猪肚成本是16.00元。

以上可以看出,应用净料率能使我们方便、快捷地计算出净料成本,净料率的大小直接关系到净料成本的高低,所以精确地掌握净料率是成本核算中的关键问题。原料(毛料)具有的规格质量和净料加工处理技术水平是决定净料率的两大因素。这两大因素一有变化,必将引起净料率相应变化。同一品种的同一种规格质量的原料,由于净料加工处理操作者的技术水平不同,净料率不可能完全一致。同样,净料加工处理的技术水平相同,但原料的规格质量不同,净料率也会不一样。在实际工作中,绝不能用一种技术情况下的净料率来代表一般技术情况下的净料率,也不能用某一种规格质量的净料率来代表同一品种的一般规格质量的净料率。因此,对净料率的测算,必须从实际出发,实事求是,多做记录、比较,找出规律,以确保成本核算准确。

净料率是成本核算产品成本的重要参数,熟悉和掌握一些常见的主、配料的净料率,会给成本核算工作带来许多方便。以下是一些常见的主、配料的净料率,仅供参考。

蔬菜类

原料名称	净料处理项目	净料品名	净料率(%)	备注
白菜	除去外叶、根、帮,洗涤	白菜心	38	
芹菜	除去老叶、根,洗涤	净芹菜	60	
卷心菜	除去老叶、根,洗涤	净卷心菜	70	
卷心菜	除去老叶、梗,洗涤	卷心菜叶	50	
菜心	去外叶、叶尖、老茎,洗涤	净菜心	35	(又名"油菜")
芥菜	去外叶、叶尖、老茎,洗涤	芥菜心	40	
菠菜	除去老叶、根,洗涤	净菠菜	70	
空心菜	除去老叶、带须的茎部,洗涤	净空心菜	70	(又名"蕹菜")
苋菜	除去老叶,洗涤	净苋菜	80	
花菜	去叶、除老梗,洗涤	净花菜	80	
大葱、小葱	去老皮、根,洗涤	净葱	70	
洋葱	去老皮	净洋葱	85	(又名"元葱")
大蒜	去老皮、老叶,洗涤	净蒜	80	
蒜苗	去头,洗涤	净蒜苗	90	
青椒、红椒	去蒂、除籽,洗涤	净椒	70	
芫荽	去老皮、根,洗涤	净芫荽	80	(又名"香菜")

续表

原料名称	净料处理项目	净料品名	净料率(%)	备注
生菜	除去头、老叶、梗,洗涤	生菜胆	40	(又名"叶用莴苣")
韭黄	去头、尾、黄衣,洗涤	净韭黄	95	
丝瓜	去头尾、刨皮、去籽,洗涤	净丝瓜	60	
黄瓜	去头尾、刨皮、去籽,洗涤	净黄瓜	75	
茄瓜	去蒂头,洗涤	净茄瓜	90	
凉瓜	去头尾、去籽,洗涤	净凉瓜	80	(又名"苦瓜")
冬瓜	刨皮、去籽,洗涤	净冬瓜	70	
南瓜	刨皮、去籽,洗涤	净南瓜	75	
瓠瓜	刨皮、去籽,洗涤	净瓠瓜	70	(又名"葫子")
刀豆	去尖头、除筋,洗涤	净刀豆	90	
蚕豆、毛豆	剥壳	净蚕豆、净毛豆	30~40	
毛豆	剪去豆荚两头端	带壳毛豆	90	
豇豆	去头、除筋,洗涤	净豇豆	90	(又称"豆角")
带壳茭白	剥壳、刨皮,洗涤	净茭白	50	
无壳茭白	刨皮,洗涤	净茭白	80	
有壳冬笋	去壳、除老根,洗涤	净冬笋肉	35	
莲藕	削皮,洗涤	净莲藕	70	
红、白萝卜	削皮,洗涤	净红、白萝卜	80	
土豆	削皮,洗涤	净土豆	80	
荸荠	削皮,洗涤	荸荠肉	60	(又名"马蹄")
芋头	去皮,洗涤	净芋头	80	
山药	去皮,洗涤	净山药	70	(又名"淮山")
番茄	去蒂,洗涤	净番茄	90	(又名"西红柿")
鲜草菇	去头部杂质,洗涤	净鲜草菇	75	
木瓜	刨皮、去籽,洗涤	净木瓜	70	

畜 类

原料名称	净料处理项目	净料 品名	净料率(%)	备注
片猪	拆卸分档	方肉 前腿 后腿	36 34 30	
方肉	拆卸分档	方肉 大排 碎肉	54 33 12	
前腿	拆卸分档	前蹄 小排 带骨夹心	11 10 78	
后腿	拆卸分档	后蹄 带骨腿肉	12 87	
带骨夹心	拆卸分档	汤骨 肉皮 精肉壮膘 碎肉 血脖肉	2.7 2.3 71.5 3.6 14.4	
带骨腿肉	拆卸分档	汤骨 肉皮 精肉 碎肉 壮膘	8.6 6.3 51 9.3 23.8	
出骨夹心	拆卸分档	肉皮 一般精肉 小排 肥膘	11 58 14 16	
出骨腿肉	拆卸分档	肉皮 纯精肉 一般精肉 肥膘	11 23 54 11	

续表

原料名称	净料处理项目	净料 品名	净料 净料率(%)	备注
出骨夹心	烤熟(去皮)	叉烧肉	50	
去骨腿肉	烧熟(带皮)	烧肉	65	
小排	烧熟,加糖醋	糖醋排骨	75	
大排	去皮,除血水	净排	90	
猪头	煮熟出骨	净熟猪头肉	56	
猪脚	去爪壳,煮熟	熟猪脚	65	
方肉	去骨 煮熟,去骨	无骨方肉 无骨熟方肉	90 65	
精肉	去肉筋	纯精肉	89	(又称"梅肉")
猪肝	去筋、血水、胆	净猪肝	90	
净猪肝	煮熟	熟猪肝	50	
猪心	去心、耳根	净猪心	90	
净猪心	煮熟	熟猪心	63	
猪腰	去筋、血水、腰臊	净腰	75	
猪肚	煮熟	熟肚	58	
猪肺	烫熟	熟猪肺	50	
猪舌	去筋,洗涤	净猪舌	90	
猪舌	去筋,煮熟	熟猪舌	55	
净猪直肠	煮熟	熟猪肠	48	
猪板油	加热炼油	熟猪油	85	
牛肉	去肉筋	净牛肉	84	
净牛肉	去片腌制	腌牛肉片	130	
牛肉	去筋煨熟 去筋卤烂	熟牛肉 卤牛肉	50~55 40~50	

续表

原料名称	净料处理项目	净料		备注
		品名	净料率(%)	
牛肘	肘子煮熟	熟肘子	70	
牛后腿	后腿煮熟	熟后腿	75	
活兔	宰杀,剥皮,去内脏	净兔	70	
兔肉	卤烂	卤兔肉	60	
羊肉	去筋,煮熟	熟羊肉	60	

禽 类

原料名称	净料处理项目	净料		备注
		品名	净料率(%)	
活母鸡 (1.75~2.25千克)	宰杀,分档	净鸡	70	
		肫	7	
		肝、心	3	
		油	2.5	
		肠	2	
		爪	2.5	
活公鸡	宰杀,分档	净鸡	67	
		肫	7	
		肝、心	4	
		腰丸	1.3	
		肠	2.7	
		爪	3	

续表

原料名称	净料处理项目	净料 品名	净料率(%)	备注
光统鸡	整理分档	净鸡	88	
		鸡肉	43	
		鸡架	30	
		头、脚	11	
		胗、肝	4	
毛统鸡	宰杀,除头、爪、骨、翅、内脏	鸡丝	32	
	宰杀,除头、爪、背骨、内脏	鸡块	50	
毛鸡	宰杀,去头、脚、内脏	净鸡	62	
活鹅(2.5~3千克)	宰杀,去脚、内脏	光鹅	65	
光鹅	烤熟	烧鹅	63	
活鸭 光鸭	宰杀,除脚、内脏	光鸭	63	
	挂炉烤熟	挂炉鸭	55~60	
	卤熟	酱鸭	60	
		卤鸭	60	
光鸭	整鸭出骨	鸭肉	48	
鸭胗	去黄皮胗皮	净胗肉	65	
	煮熟(带皮、胗)	卤胗	68	

水 产 类

原料名称	净料处理项目	净料 品名	净料率(%)	备注
青鱼	宰杀,去鳞、鳃、内脏、洗涤	净青鱼	87	
	宰杀,去鳞、鳃、内脏、头尾、骨	净鱼肉	40	

续表

原料名称	净料处理项目	净料品名	净料率(%)	备注
草鱼	宰杀,去鳞、鳃、内脏,洗涤	净草鱼	83	
	宰杀,去鳞、鳃、内脏、头尾、骨	净有皮草鱼肉	40	
鳙鱼	宰杀,去鳞、鳃、内脏,洗涤	净鳙鱼	80	
	宰杀,去鳞、鳃、内脏、头尾、骨	净有皮鳙鱼肉	30	
鲢鱼	宰杀,去鳞、鳃、内脏,洗涤	净鲢鱼	80	
	宰杀,去鳞、鳃、内脏、头尾、骨	净有皮鲢鱼肉	35	
鲤鱼	宰杀,去鳞、鳃、内脏,洗涤	净鲤鱼	85	
鳊鱼	宰杀,去鳞、鳃、内脏,洗涤	净鳊鱼	85	
生鱼	宰杀,去鳞、鳃、内脏,洗涤	净生鱼	85	
	宰杀,去鳞、鳃、内脏、头尾、骨	生鱼肉片(有皮)	50	
鲫鱼	宰杀,去鳞、鳃、内脏,剁块	净鱼块	75	
鳜鱼	宰杀,去鳞、鳃、内脏,洗涤	净鳜鱼	83	
鲈鱼	宰杀,去鳞、鳃、内脏,洗涤	净鲈鱼	80	
鲟鱼	宰杀,去鳞、鳃、内脏,洗涤	净鲟鱼	80	
鲳鱼	宰杀,去头、鳞、鳃、内脏,洗涤	无头净鱼	80	
鳝鱼	烫后去骨、内脏、头尾	净鳝肉	55	
甲鱼	宰杀,去内脏、头爪等	净甲鱼	70	
海鳗	宰杀,洗涤	净鳗	86	
	宰杀,去头尾、骨,洗涤	净鳗肉	37~47	
大黄鱼 小黄鱼	宰杀,去鳞、鳃、内脏,洗涤	净鱼	80~87	
	宰杀,去鳞、鳃、内脏、头	无头净鱼	72	
	宰杀,去鳞、鳃、内脏、头、骨	净鱼肉	42	
	宰杀,去鳞、鳃、内脏,洗涤,油炸	炸全鱼	55	

续表

原料名称	净料处理项目	净料		备注
		品名	净料率(%)	
带鱼	宰杀,去鳃、内脏、头	净鱼(无头)	74	
对虾	去须脚	净虾	80	
海虾	去须脚	净大海虾	80	
海虾	剥壳	净海虾肉	35	
河虾	剥壳	虾仁	30~34	
龙虾	去须脚等	净龙虾	80	
龙虾	去须脚,剥壳	净龙虾肉	25	
螃蟹	去鳃、内脏,洗涤	净螃蟹	70	
螃蟹	去鳃、内脏,除壳	蟹肉蟹黄	25~35	
鲜鱿鱼	去内脏、软骨、鱼眼,洗涤	净鲜鱿鱼	70	
鲜墨鱼	去内脏、软骨、鱼眼,洗涤	净鲜墨鱼	60	
鲜鲍鱼	去壳,除去污物,洗涤	净鲜鲍鱼	30	
鲜带子	去壳,退去薄膜,洗涤	净鲜带子	45	

干 货 类

原料名称	净料处理项目	净料		备注
		品名	净料率(%)	
鱼翅	拣洗,泡发	净水鱼翅	150~200	
刺参	拣洗,泡发	净水刺参	400~500	
干鲍鱼	拣洗,泡发	净水鲍鱼	150~175	
干贝	拣洗,泡发	净水干贝	150~200	
干鱿鱼	拣洗,泡发	净水鱿鱼	150	
干章鱼	拣洗,泡发	净水章鱼	150	

续表

原料名称	净料处理项目	净料		备注
		品名	净料率(%)	
墨鱼干	拣洗,泡发	净水墨鱼	130	
干蚝豉	拣洗,泡发	净水蚝豉	150	
海米	拣洗,泡发	净水海米	200~250	
海带	拣洗,泡发	净水海带	500	
干肉皮	油氽,水发	水发肉皮	300~450	
干蹄筋	油氽,水发	水发蹄筋	300~450	
鱼肚	油氽,水发	水发鱼肚	300~450	
干蘑菇	拣洗,浸泡	水发蘑菇	200~300	
黑木耳	拣洗,浸泡	水发黑木耳	500~850	
黄花菜	拣洗,浸泡	水发黄花菜	200~400	
冬菇	拣洗,浸泡	水发冬菇	250~350	
香菇	拣洗,浸泡	水发香菇	200~350	
发菜	拣洗,浸泡	水发发菜	750	
雪耳	水发雪耳	拣洗,浸泡	500~600	
笋干	拣洗,浸泡	水发笋干	400~500	
玉兰片	拣洗,浸泡	水发玉兰片	200~300	
粉丝	拣洗,浸泡	湿粉丝	350	
带壳花生	去壳衣	花生仁	70	
花生仁	油炸	炸花生仁	90	
带壳栗子	去壳衣	净栗子	63	
带壳白果	去壳	白果肉	60	
榄仁	油炸	炸榄仁	110	

三、成本系数的应用

随着我国改革开放的进一步深入,市场经济逐步形成,国内农副产品的价格也已放开。因此,餐饮原料的价格也随着市场供需、季节的变化而不断地发生变化,每月、每星期,甚至每天的价格都不一样。根据市场价格的波动,及时准确地计算出原料的成本,利用成本系数计算是一种比较好的方法。

成本系数是指某种原料经加工处理和核算后,所得净料的单位成本与毛料单位成本之比。即:

$$成本系数 = \frac{净料单位成本}{毛料单位成本}$$

成本系数主要用来解决某些主、配料由于市场价格的变化而需重新计算净料单价及成本的问题,利用成本系数能方便、迅速、准确地计算出价格变化后净料的单价。即:

价格变化后的净料单价=毛料新进价×成本系数

[例] 某饭店二月购进某种原料18千克,其进价为4.80元/千克,经加工处理后,得到净料12千克(废料不能利用),如果六月该原料进价为5.20元/千克,问该原料的净料单价是多少?

解:(1) 先计算出二月份购进原料的净料单价

$$净料单价 = \frac{毛料总值}{净料重量} = \frac{18 \times 4.80}{12} = 7.20(元/千克)$$

(2) 计算该原料的成本系数

$$成本系数 = \frac{净料单位成本}{毛料单位成本} = \frac{7.20}{4.80} = 1.5$$

(3) 计算六月份原料进价上涨至5.20元/千克时,净料的单位成本

价格变化后的净料单位成本=毛料新进价×成本系数
$$= 5.20 \times 1.5 = 7.80(元/千克)$$

答:如果六月该原料进价为5.20元/千克,那么该原料的净料单位成本是7.80元/千克。

由例题可以看出,掌握了某些原料的成本系数后,就可以方便、快捷地计算出原料价格变化后净料的单位成本。成本系数的应用与净料率的应用有异曲同工之处,原料价格变化后,也可采用原料的净料率计算出净料的单位成本。

本章小结

本章介绍了烹饪原材料成本核算的特点,学习了原材料一料一档和一料多档的成本计算方法、调味品的几种估算方法、半制品和熟制品单位成本计算方法;重点学习了净料率及净料率在实际生产管理中的运用。原材料成本的核算是整个餐饮业生产经营核算的基础,只有掌握了原材料成本的核算,才能确定毛利率及产品的销售价格。

阅读材料

开餐饮饭店必备的核心内容

1. 完善的专业操作技能和管理才能,在竞争市场上占有一席之地。
2. 良好的沟通技巧,使客户成为朋友。
3. 有效的餐饮饭店销售技能,增加技术业绩和产品业绩。
4. 有效的餐饮饭店策划方案,明白活动策划的理由和卖点。
5. 正规化的餐饮饭店管理,打造良好的企业文化。
6. 专业的餐饮饭店数据分析,做到量化、精确化、正规化管理。
7. 打造餐饮饭店的优秀团队,餐饮饭店没有成功的个人,只有成功的团队。
8. 详细的餐饮饭店客户管理系统,客户就是资源。留住老客源,开发新客源。
9. 建立系统的餐饮饭店管理机制,用制度来管人、管事、管财。
10. 建立完善的餐饮饭店培训系统,人才会创造价值。
11. 规范的餐饮饭店服务流程,提高餐饮品质。
12. 提高餐饮饭店的影响力,利用简单、低成本的方式更有效地扩大宣传。
13. 做好餐饮饭店的成本核算,开源节流,增加利润。
14. 系统的人才管理体系,有多少人跟你干,就代表你的影响力有多大。
15. 餐饮饭店的运营模式,思路决定出路。

思考与练习

(一)理解思考

1. 什么叫毛料？什么叫净料？
2. 什么是一料一档？写出一料一档的净料单位成本计算公式。
3. 什么是一料多档？写出一料多档的净料单位成本计算公式。
4. 半制品、熟制品的成本核算有什么特点？写出半制品和熟制品的单位成本计算公式。
5. 调味品通常可采用哪几种估算方法？
6. 什么是净料率？净料率的应用有何意义？
7. 净料率的应用可以从哪几方面体现？
8. 什么是成本系数？成本系数的应用有何意义？

(二)实用练习

1. 某厨房购进木耳4千克,单价为42.00元/千克,水发后拣择得水发木耳16千克,求水发木耳的单位成本是多少？
2. 现购进猪腰12千克,单价为40.00元/千克,经加工处理损耗20%,求净猪腰的单位成本是多少？若每份菜肴需净猪腰200克,求该菜肴猪腰的成本是多少？
3. 现购进草鱼18千克,单价为16.00元/千克,经分档取料得净鱼肉6千克；鱼腩1.4千克,作价22.00元；鱼骨、鱼头5千克,作价50.00元,试求净鱼肉的单位成本。
4. 现有猪瘦肉12千克,单价26.00元/千克,经加工制成叉烧,称重7.4千克。如耗用调味品共计10.00元,求叉烧的单位成本是多少？
5. 某酒店购进牛肉14千克,经加工制成五香牛肉粑,称重8.4千克。计耗植物油3千克(每千克14.00元),糖800克(每千克7.20元),酱油1.2千克(每千克3.80元),料酒600克(每千克5.60元),味精50克(每千克44.00元),姜、葱计2.60元,香料计4.00元,试求100克五香牛肉粑调味品的成本是多少？
6. 现购进猪肚4只,重4.8千克(每千克48.00元),制成卤猪肚,称重2.8千克,计耗用酱油400克(每千克3.80元),白糖250克(每千克7.20元),料酒200克(每千克5.60元),盐、味精计1.00元,姜、葱计2.00元,香料计3.00元,求100克卤猪肚的成本是多少？
7. 现市场上活鸡的单价是24.00元/千克,净料率70%,问净光鸡的单位成本是多少(鸡血、鸡内脏不作价)？

8. 某饭店制作爆炒腰花15份,每份耗净猪腰200克,按猪腰净料率75%,试计算需要采购鲜猪腰多少千克？

9. 淮扬饭店烹制一份扒烧蹄筋,需水发蹄筋800克。已知干蹄筋的单价为96.00元/千克,按净料率为360%；涨发每千克干蹄筋耗油300克(单价为14.00元/千克),求每份菜肴水发蹄筋的成本是多少？

10. 九龙宾馆制作某种糕点用面粉4千克(单价6.40元/千克),白砂糖2.4千克(单价7.20元/千克),奶油2千克(单价28.00元/千克),鸡蛋1.8千克(单价9.60元/千克),共出品120件产品。问每件产品的成本是多少？

第 3 章
餐饮产品成本核算

学习目标

- 掌握餐饮产品成本核算的方法
- 学会单一产品核算的方法和批量产品的核算方法
- 掌握中餐筵席中标准筵席和预定筵席的成本计算方法
- 了解西餐宴会成本的核算方法
- 学会餐饮成本日报表及月报表的编制方法
- 理解并运用"以存计销"的方法。

餐饮产品成本核算是餐饮业成本核算的主要内容,是制定餐饮品价格的基础。产品的成本不精确,销售价格就难以合理,其结果不是影响企业收益,就是侵害消费者的利益。原料成本的一切核算,也将完全失去意义。因此,精确地核算产品成本有着十分重要的意义。

第一节 餐饮产品成本核算的方法

餐饮产品成本核算,实质上是餐饮产品原料成本的核算。餐饮产品的成本是其所耗用的各种原料的成本之和,即所耗用的主、配料成本(通常以生料成本或半制品成本形式出现)与调味品成本之和。所以,要核算某一单位产品的成本,只要将其所耗用的各种原料成本逐一相加即可。

一、餐饮产品成本核算的方法

餐饮品的加工制作有成批生产和单件生产两种类型。因此,产品成本的核算方法,也应有两种方法。

(一)先总后分法

先总后分法,就是先求出每批产品的总成本,然后求出其每一单位产品的平均成本。这一方法适用于求成批制作的产品的成本,如卤制品、主食点心等。对于成批制作的产品来说,其各单位产品的用料和规格质量基本一样,所以,在求其单位产品的成本时,都是先算出每一批产品的成本,然后再根据这批产品的件数求出其每一单位产品的平均成本。

先总后分法计算成本的公式是:

$$单位产品成本=\frac{本批产品所用的原料总成本}{产品数量}$$

其中,本批产品所耗用的原料总成本=本批产品所耗用的主料成本+本批产品所耗用配料成本+本批产品所耗用调味品成本。

(二) 先分后总法

先分后总法,就是先计算出单位产品中所耗用的各种原料的成本,然后逐一相加,即得出单位产品的总成本。这一方法,适用于求单件制作的产品的成本。如小炒荤菜、花色冷盘等。对于单件制作的产品来说,其每一产品的用料和规格质量不尽相同,所以,求其单位产品的成本,就必须个别计算。

先分后总法计算产品成本的公式是:

$$单位产品成本=单位产品所用主料成本+单位产品所用的配料成本+$$
$$单位产品所用调味品成本$$

餐饮业的成本一般是根据所耗用的原材料每月计算一次。如果厨房食用的原材料当月完全用光而无剩余,领用的原材料金额就是当月全部产品的成本。如有剩料和半成品,则采用"以存计耗"法倒求成本。其计算公式是:

$$本月耗用原料成本=月初原料结存额+本月领用原料总额-$$
$$月末原料盘存额(包括剩余料及半成品)$$

餐饮业基本上都采用"以存计耗"法计算所用的原材料成本。因此,必须要把盘存工作组织好,及时地对厨房(包括隶属企业的小仓库、保管室等)的剩余原料和半成品进行全面精确盘点,并且合理地进行计价,以保证成本核算工作的顺利进行。

二、单一产品核算的方法

单一产品核算的方法又称先分后总法,就是先计算出产品中所耗用的主配料和调味品的成本,然后逐一相加,求出单件产品成本。这适用于单个加工菜肴产品的成本计算。菜肴品种繁多,一般可分为热菜和冷盘两大类。无论哪一类,都是个别切配、单件制作的,所以要计算每一个菜肴品种的成本,只需把菜肴所耗用的各种原料成本相加即为所求的结果,即:

单位产品成本＝单位产品所用主料成本+单位产品所用配料成本+
单位产品所用调味品成本

计算时,应首先列出菜肴原料配方及其数量,这可根据本企业制定的标准食(菜)谱查出。其次,计算出各种原料的成本。菜肴中的各种原料均系净料或半制品,计算时必须用净料或半制品单位成本和重量。最后,求出菜肴的总成本(菜肴的总成本包括主料、配料以及调味品的成本)。

[**例1**]松子鱼一份,用料如下:净清鱼肉350克(2块),净蛋70克,生粉(其中芡粉10克)75克,糖醋275克,白糖25克,味精5克,三色蛋丝30克,生油150克,精盐2.5克,试求该份菜肴的成本是多少?

解:

(1)列出松子鱼的原料配方、数量和单位成本

原料名称	用量(克)	单位成本(元/千克)	金额(元)
净鱼肉	350	20.00	7.00
净蛋	70	20.00	1.40
白糖	25	7.00	0.175
味精	5	12.00	0.06
生粉	75	5.00	0.375
糖醋	275	3.00	0.825
三色蛋丝	30	10.00	0.3
生油	150	12.00	1.80
精盐	2.5	1.00	0.002 5

(2)计算出松子鱼的成本

7.00+1.40+0.175+0.06+0.375+0.825+0.30+1.80+0.002 5＝11.94(元)

答:一份松子鱼的成本为11.94元。

为了便于控制成本和计算菜肴售价,各餐饮企业都根据自身经营的特点设计和制定出适合本企业的标准菜谱和标准分量。标准菜谱不仅规定了某一菜肴的烹制份数以及所需的各种主料、配料、调味品的标准投料量,列出各项原料的单价、成

本,而且还规定了烹饪方法,并设立成本卡,附加文字说明和照片。这种卡称为"标准配方卡",也就是企业常用的"餐饮制品配料定额成本计算单"。

根据标准菜谱上所列的各项原料的投料量及其单价,就可以计算出每一份菜肴的合计成本,并求出成本率:

$$成本率=单位产品成本÷售价×100\%$$

[例2] 试编制干贝扒火鸡的标准成本及售价。

解:

菜肴名称:干贝扒火鸡　　　份数:1　　　　　　日期:

每份成本:14.69元　　　　预计售价:29.38元　　编号:

原材料名称	投料量(克)	单价(元/千克)	成本金额	备注
火鸡脯肉	250	36.00	9.00	
干贝	50	70.00	3.50	
火腿	25	60.00	1.50	
葱	15	8.00	0.12	
姜	10	10.00	0.1	
水淀粉	25	3.00	0.075	
熟油	25	12.00	0.30	
味精	3	12.00	0.036	
白糖	5	7.00	0.035	
料酒	5	4.00	0.02	
精盐	5	1.00	0.005	
合计成本			14.69	
售价			29.38	
成本率			50%	

三、批量产品核算的方法

我国的点心是特有的美食,与菜肴一样具有悠久的历史。点心不仅是一种常用的食品,既可作早餐,也可作午餐、晚餐之用,同时还是筵席不可缺少的组成部分,可为筵席增添丰满感和趣味感,并可作为馈赠的礼物,以增添节日气氛。随着人们生活水平的不断提高,工作节奏不断加快,点心食品越来越受到人们的重视。在点心食品受到欢迎的同时,如何保证质量,并使价格合理,就显得相当重要,为此必须认真搞好点心餐饮产品的成本核算工作。

批量产品核算的方法也称为先总后分法,即先求出整批产品所耗用的主、配料和调味品的总成本,然后求出其每一单位产品的平均成本。这种方法主要适用于主食、点心类产品。点心餐饮产品通常是批量生产制作的,因此可按先总后分的方法计算其成本。在点心的成本核算中,首先要知道制好后的皮或馅如何结合而成的,是有皮无馅的品种还是有馅无皮的品种,但两者的计算方法都是一样的。

主食、点心如米饭、馒头、包子、油条等大多数是成批生产的。但有少数品种,如炒面、果羹等有时也是单件生产的。根据不同的生产方式,可以用不同的方法进行成本核算。在生产过程中,其核算的程序可分为三步。

第一步,计算本批加工制作的菜点的成本数据(其计算方法与上面所讲的方法相同)。

本批产品所耗用原料总成本=本批产品所耗用主料成本+本批产品所耗用配料成本+本批产品所耗用调味品成本

$$单位产品成本 = \frac{本批产品所用的原料总成本}{产品数量}$$

第二步,根据成本管理制度,填写生产记录。

第三步,计算实际耗料成本与定额标准成本的差异。若偏差过大,则要分析查找原因,以便有关管理人员能及时采取适当的措施,纠正偏差。

[例1]某点心部门制作牛油方戟,每件重40克,耗用原材料及其价格如下,试求牛油方戟总成本是多少?每件的成本又是多少?

原料名称	用量(克)	单价(元/千克)	金额(元)
精面	1200	6.40	7.68
白糖	1000	7.00	7.00
牛油	1000	35.00	35.00
净蛋	1000	20.00	20.00
用油(拍粉)			1.20
合计(各项用料成本之和)			70.88

解:
(1)列出原料配方

精面 1200 克　　　白糖 1000 克　　　牛油 1000 克　　　净蛋 1000 克

(2)计算出用料总重量(起重)

$$1200+1000+1000+1000=4200(克)$$

(3)计算出总成本

(4)计算能制作成品多少件

$$\frac{4200}{40}=105(件)$$

(5)计算每件牛油方戟的成本

$$\frac{70.88}{105}=0.68(元)$$

说明:净蛋单价的计算方法:鸡蛋进货单价 17.60 元/千克,净料率 88%,因此净蛋的成本(单价)为 17.60÷88%=20.00(元/千克)。

答:牛油方戟的总成本为 70.88 元,每件牛油方戟的成本为 0.68 元。

[例2]某点心部门制作豆沙馅,用去红豆 1.0 千克,单价为 10.00 元/千克;白糖 1.5 千克,单价为 7.00 元/千克;猪油 0.2 千克,单价为 16.00 元/千克。经热加工后得到豆沙馅 2.5 千克,如每个豆沙包馅重 20 克,试求豆沙馅的总成本以及每个豆沙包馅的成本各是多少?

解:
(1)求出豆沙馅的总成本

原料名称	用量(千克)	单价(元/千克)	金额(元)
红豆	1.0	10.00	10.00
白糖	1.5	7.00	10.50
猪油	0.2	16.00	3.20
合 计			23.70

(2)计算出豆沙馅的单价

$$\frac{23.70}{2.5}=9.48(元/千克)$$

（3）计算每个豆沙包馅的成本
$$9.48 \times 0.02 = 0.19（元）$$
答：豆沙馅的总成本是 23.70 元，每个豆沙包馅的成本为 0.19 元。

[例3] 小笼包每 100 份的用料是面粉 5 千克（单价 6.40 元/千克），肉腿 6.5 千克（单价 24.00 元/千克），肉皮 2 千克（单价 20.00 元/千克），味精 0.04 千克（单价 12.00 元/千克），胡椒 0.01 千克（单价 70.00 元/千克），红糖 0.1 千克（单价 6.00 元/千克），小磨麻油 0.125 千克（单价 38.00 元/千克），生姜 0.4 千克（单价 10.00 元/千克），酱油 1 千克（单价 4.00 元/千克），红醋 0.5 千克（单价 4.00 元/千克），黄酒、碱、盐少许计 0.80 元。试求每份小笼包的成本是多少元？

解：根据小笼汤包的制作方法，已知是成批加工的，适宜用先总后分法进行核算。

（1）按投料定量和单价先求出 100 份产品所耗用的各种原料

富强面为 32.00 元，腿肉为 156.00 元，肉皮为 40.00 元，味精 0.48 元，胡椒 0.70 元，红糖 0.60 元，小麻油 4.75 元，生姜 4.00 元，酱油 4.00 元，红醋 2.00 元，料酒、碱、盐 0.80 元

（2）代入计算公式
$$(32.00+156.00+40.00+0.48+0.70+0.60+4.75+4.00+4.00+2.00+0.80) \div 100 = 2.45（元）$$
答：每份小笼汤包的成本是 2.45 元。

[例4] 某厨房制成一批莲蓉甘露酥共计 800 件，实际耗用原材料及单位成本如下：

原材料名称	实际投料量(千克)	单位成本(元/千克)	金额(元)
精面粉	10.0	6.40	64.00
白糖	5.5	7.00	38.50
猪油	5.0	16.00	80.00
净蛋	2.0	20.00	40.00
莲蓉	13.65	8.00	109.20
发粉	0.20	10.00	2.00
成本合计			333.70

试分析产生实际单位耗料成本低于标准单位耗料成本,而比较相对误差却高于标准相对误差的原因。

解:根据已知条件,分步求证:

(1)按核算程序核算成本

①求出莲蓉甘露酥的耗料成本。将上述各原材料的成本金额相加:

$$64.00+38.50+80.00+40.00+109.20+2.00=333.70(元)$$

②求单位耗料成本。莲蓉甘露酥每件的实际成本为:

$$333.70 \div 800 = 0.417(元/件)$$

(2)把原材料的实际用量、耗料总成本和单位耗料成本填入生产记录。

(3)比较误差

①从企业有关定额标准查得该品种的标准。假定该品种的标准如下:标准单位耗料成本0.438元/件,标准成品数量756件(本批投料该品种每件重48克,其中皮重30克,莲蓉馅重18克),标准耗料成本相对误差不超过3%。

②计算单位成本实际相对误差,并将其与标准相对误差比较。

$$实际相对误差 = \frac{|实际单位成本-标准单位成本|}{标准单位成本} \times 100\%$$

$$= (|0.417-0.438|/0.438) \times 100\% = 4.79\%$$

比较相对误差:4.79% > 3%

③分析问题。产生实际相对误差高于标准相对误差的问题,一般应从原材料的单价和成品的数量两个方面查找原因。从单价来看,各种原料的实际单价与相应的标准单价一致,因此不是原材料的价格问题;从成品的数量方面分析,成品数量相差为800-756=44件,成品数量相对误差为(44/756)×100%=5.82%。

答:问题原因是做出的成品数量高于标准的成品数量所致。做出的成品数量为什么会偏多?可作进一步分析,在查清情况后,采取适当的措施,保证投料的准确性。

点心食品不仅品种多,而且生产的批次多,因此除了核算每批点心餐饮产品成本外,还要定期(每周、每月)核算制作点心餐饮产品所耗用的原材料的综合成本。大型餐饮企业每天都核算耗用的原材料成本,并编制成本日报表,这样就能及时了解原材料耗用情况并发现生产过程中的问题,以控制成本。

第二节 筵席的成本核算

筵席是由冷盘、热炒、大菜、点心等各种菜点按一定规格组成的，实际就是产品组合，即一组系列化的菜点。筵席的成本是由原材料费组成的，实际耗用的主料、配料、调料均应列入筵席的成本。对生产和销售过程中的各种耗费，如工资、水电、燃料费、管理费等则作为费用开支，不计入筵席成本。在掌握餐饮产品成本核算的方法以后，只要将组成筵席的各种产品成本相加，其总额即为筵席的成本。但是在实际经营中，筵席常常是由顾客预订的，因此，要根据顾客预定的标准，先核算出筵席的成本总额，再根据各种组合菜点所占的筵席成本总额的比率，核算出各种菜点的成本。

一、中餐筵席的成本核算

筵席是餐饮经营的最高档次，筵席客人的消费需求较高，主要体现在环境与场景、社交与礼遇、菜点与酒水、服务与享受等方面。筵席的特点是菜点毛利率标准高，企业经营利润大。在餐饮行业中，筵席的成本计算有标准筵席的成本计算和预订筵席的成本计算两种形式。

（一）标准筵席的成本计算

这种计算形式是在掌握单一成本核算方法以后，将组成筵席的各种菜点的原料成本相加，所得总值即为该筵席的成本，其计算公式为：

$$筵席成本 = 菜点①成本 + 菜点②成本 + \cdots\cdots + 菜点ⓝ成本$$

[例1] 普通筵席一桌（酒水另计），菜品组合计 4 冷盘、4 热炒、5 大菜、1 点心 1 甜汤。计耗成本如下：

4 冷盘：白切鸡(21.00 元)、香肠(12.50 元)、皮蛋类(8.50 元)、黄瓜(2.50 元)

4 热炒：爆炒墨鱼筒(18.30 元)、爆腰花(23.00 元)、炸三丝卷(15.60 元)、熘鱼片(21.80 元)

5 大菜：海参鹌蛋(45.50 元)、酿冬菇(21.60 元)、香酥鸡(16.50 元)、清蒸武昌鱼(40.00 元)、橘瓣鱼丸汤(22.50 元)

1 点心：佛手包(10.00 元)

1 甜汤：银耳果羹(18.00 元)

销售毛利率为 40%，试计算该桌筵席的成本和售价。

解：

筵席成本＝菜点①成本＋菜点②成本＋……＋菜点ⓝ成本

＝21.00＋12.50＋8.50＋2.50＋18.30＋23.00＋15.60＋21.80＋45.50＋21.60＋16.50＋40.00＋22.50＋10.00＋18.00

＝297.30（元）

筵席售价＝$\dfrac{297.30}{1-40\%}$＝495.50（元）

答：该桌筵席的成本为 297.30 元，售价为 495.50 元。

[例2] 某筵席有 4 种点心。其中 A 点心用主料成本 12.00 元，辅料成本 8.00 元；B 点心用面粉 500 克（每千克成本 6.40 元），黄油 100 克（每千克成本 28.00 元），其他辅料成本为 4.00 元；C 点心用熟苹果馅 300 克（已知苹果进价每千克 8.00 元，熟品率为 60%），其他原料成本共计 8.50 元；D 点心原料总成本为 20.00 元。试求此筵席的点心成本。

解：(1) 分别求出各种点心的原料成本

A 点心成本＝12.00＋8.00＝20.00（元）

B 点心成本＝6.40×0.50＋28.00×0.10＋4.00＝10.00（元）

C 点心成本＝8.00×0.3/60%＋8.50＝12.50（元）

D 点心成本＝20.00（元）

(2) 求筵席点心总成本

筵席的点心成本＝20.00＋10.00＋12.50＋20.00＝62.50（元）

答：此筵席的点心总成本为 62.50 元。

（二）预订筵席的成本计算

对于顾客预订筵席的成本计算，应按照预订筵席的规格要求、费用标准、参宴人数、宴会时间、结算方式及相应的成本率等，计算筵席的成本、各类菜点成本及各道菜点的成本。具体核算步骤如下：

(1) 根据筵席的规格要求和费用标准及规定的成本率，计算筵席总成本和单位成本。

筵席总成本＝筵席总售价×成本率

＝筵席总售价×(1－销售毛利率)

筵席单位成本＝$\dfrac{筵席总成本}{筵席桌数}$

=每桌筵席售价×(1-销售毛利率)

(2)根据筵席的成本和等级(普通、中等、高等、特等)筵席各类菜点成本所占的比重,计算各类菜点总成本和单位成本。

某类菜点总成本=筵席单位成本×该类菜肴所占的比重

$$某类菜点单位成本 = \frac{某类菜点总成本}{筵席桌数}$$

(3)确定每桌菜点品种和个数,并分别计算出各个品种的成本。

各菜点品种的成本之和应与筵席成本相一致。

[例1]某顾客预订普通筵席20桌,每桌500.00元,普通筵席的销售毛利率40%,4冷盘、4热炒、6大菜、2点心、1果盘,各菜点成本所占比重分别是10%、20%、60%、10%。试计算该筵席的成本和各类菜点的成本。

解:(1)按规定的成本率计算该筵席的总成本和单位成本

① 筵席总售价=20×500.00=10 000.00(元)

② 筵席总成本=10 000.00×(1-40%)=6000.00(元)

③ 筵席单位成本=6000.00÷20=300.00(元/桌)

(2)根据筵席成本和筵席各类菜点成本所占的比重,计算各类菜点总成本和单位成本

① 冷盘总成本=6000.00×10%=600.00(元)

$$冷盘单位成本 = \frac{600.00}{20} = 30.00(元/桌)$$

② 热炒总成本=6000.00×20%=1200.00(元)

$$热炒单位成本 = \frac{1200.00}{20} = 60.00(元/桌)$$

③ 大菜总成本=6000.00×60%=3600.00(元)

$$大菜单位成本 = \frac{3600.00}{20} = 180.00(元/桌)$$

④ 点心果盘总成本=6000.00×10%=600.00(元)

$$点心果盘单位成本 = \frac{600.00}{20} = 30.00(元/桌)$$

(3)实际业务工作中,应在分类菜点成本的基础上,按各类菜肴应有的件数,进一步核定各类菜点的成本

冷盘每桌成本30.00元,其中:

冷盘①成本8.20元;冷盘②成本7.60元;冷盘③成本8.00元;冷盘④成本

6.20元。

热炒每桌成本60.00元，其中：

热炒①成本13.50元；热炒②成本16.30元；热炒③成本16.20元；热炒④成本14.00元。

大菜每桌成本180.00元，其中：

大菜①成本39.50元；大菜②成本37.20元；大菜③成本31.10元；大菜④成本32.40元；大菜⑤成本19.70元；大菜⑥(汤品)成本20.10元。

点心果盘每桌成本30.00元，其中：

点心①成本11.60元；点心②成本9.20元；果盘成本9.20元。

[例2]在某大型筵席销售活动中，计划销售价格标准是150.00元/人，接待人数是120人，规定执行的销售毛利率是60%，试求计划投入的原料成本应是多少元？

解：原料成本＝产品总销售额×(1－销售毛利率)

＝150.00×120×(1－60%)

＝7200.00（元）

答：计划原料成本是7200元。

二、西餐宴会的成本核算

西餐是由于它特定的地理位置所产生的。"西"是西方的意思，一般指西欧各国；"餐"就是餐饮菜肴。西餐是西方国家的一种宴请形式，主要特点是主料突出，形色美观，口味鲜美，营养丰富，供应方便等。由于受民族习俗的影响，西餐菜点结构和菜点类别不尽相同，成本构成比重和筵席的等级标准也有较大差别。西餐宴会的等级标准主要是按参加宴会的每人费用来划分的，但是西餐宴会成本的核算方法与中餐筵席成本的核算方法基本上是一致的。

西餐在菜单的安排上与中餐有很大不同。以举办宴会为例，中餐宴会除近10种冷菜外，还要有热菜6~8种，再加上点心、甜食和水果，十分丰富。一般西餐宴会的菜单主要有：头盘，即西餐的第一道菜，也称为开胃品；汤，大致可分为清汤、奶油汤、蔬菜汤和冷汤等4类；副菜，品种包括各种淡、海水鱼类、贝类及软体动物类；主菜，以肉、禽类菜肴为主；蔬菜，一般用生菜、西红柿、黄瓜、芦笋等制作；甜品，如布丁、煎饼、冰激凌、奶酪、水果等；饮品，如咖啡、茶。

西餐宴会成本的计算公式为：

宴会成本＝参加宴会人数×每人的宴会费用标准×成本率

＝参加宴会人数×每人的宴会费用标准×(1－销售毛利率)

[例]某公司宴请外商举办西餐宴会,宴会费用标准为200元/人,预订人数为50人。若宴会的销售毛利率是55%,试求该宴会的成本为多少元?

解:宴会成本=参加宴会人数×每人的宴会费用标准×成本率
　　　　　=参加宴会人数×每人的宴会费用标准×(1-销售毛利率)
　　　　　=200.00×50×(1-55%)=4500.00(元)

(注:成本率+销售毛利率=1)

第三节　餐饮成本报表

为了及时掌握餐饮成本的变化,向企业管理层报告餐饮成本耗用情况,为管理层提供决策参考数据,餐饮企业的成本核算应按时编制成本报表,并分析成本变化,查找差距,以便采取措施控制成本,促进企业不断改善经营管理。餐饮成本报表主要有日报表和月报表两种。小型饭店一般只是每月进行一次餐饮产品成本核算,大型饭店除了月成本核算外,还要进行日成本核算,编制成本日报,以便及时检查经营情况。

一、餐饮成本月报表

有些饭店成本控制不善,原因就在于缺乏每月的成本核算,也就更谈不上编制餐饮产品成本月报表了。管理者无法对成本进行量化控制,只是现场监控有无浪费,由保安检查有无偷盗现象,这样不能从根本上杜绝成本漏失。餐饮经理一般都要明确成本目标,但是成本目标能否实现,首先必须进行成本核算。如果没有达到目标,就应查找原因,采取相应措施堵住漏洞。

月餐饮产品成本核算实际上就是计算一个月内餐饮产品的销售成本。这就需要餐饮企业设一名专职核算员,对营业收入和各种原料进货、发料备有原始记录,按时进行仓库原料盘点清查。只要做到日清日结,就可计算出月餐饮产品的成本。

1.月餐饮成本核算的方法

月餐饮成本核算主要有以下两种方法:

(1)按厨房实际领用的原材料计算产品成本,即按厨房实际领用的原材料来计算已售出产品耗用的原材料成本,核算期一般每月计算一次。具体计算方法为:如果厨房领用的原材料当月用完,领用的原材料金额就是当月产品的成本;如果有余料,在计算成本时应进行盘点,并从领用的原材料中减去余料成本,求出当月实际耗用原材料的成本。其计算公式是:

本月耗用原材料成本＝原料月初结存额＋本月领用额－月末盘存额

这种方法主要适用于条件较好的实行领料制度的企业。因为这种类型的企业设有专门贮存原材料的仓库和冷藏设备，并由专人负责，凡是加工制作所需要的原材料都经过一定的领料手续才可领用，故比较容易如实得到原材料成本数据。

（2）"以存计耗"，倒求成本。即餐饮企业每月末对库存餐饮原料进行盘点，做到账实相符，采取"以存计耗"的方法。每月末到厨房和库房进行盘点，并填写原材料盘存表（见表3-1），计算出当月餐饮原料的实际耗用数，以保证成本数据的真实准确。其计算公式为：

本月耗用原材料成本＝直接购入成本＋仓库领用成本＋内部调入成本－内部调出成本－员工用餐餐饮产品成本－招待用餐餐饮产品成本－员工购买餐饮产品收入－下脚料销售收入－其他杂项扣除

表3-1　原材料盘存表

编号：
部门：　　　　　类别：　　　　　年　月　日　　　　　单位：元

原材料名称	单位	单价	盘存数量	盘存金额	备注
合计					

厨房管理人员＿＿＿＿＿＿＿＿＿＿　　　　　参加人员＿＿＿＿＿＿＿＿＿＿

原材料盘存表计算的结果可能包括已转出给非餐饮产品部门的原料成本，也可能未包括从非餐饮产品部门转入的餐饮产品成本。因此，为了能如实反映月餐饮产品成本，需要对上述餐饮产品成本进行调整。

①减去其他部门从餐饮产品库房和厨房领取的物料成本；

②减去下脚料销售收入；

③减去招待用餐费用。企业因业务需要，要经常招待客人，招待费用增加了餐

饮产品成本,但不增加营业收入,必须把这笔费用减去;

④减去员工用餐成本。企业原材料总耗中包括了员工用餐涉及的原材料,这笔费用应计入各部门的营业费用或企业管理费用中去;

⑤减去员工购买原料的销售收入。

这种方法主要适用于设备条件较简陋的小型餐饮企业。这类企业不设专门的存贮环节,购进的材料全部交厨房使用,无专人负责。厨房耗用的原材料平时不记账,待到月末,根据厨房盘点原材料的剩余情况,采用"以存计耗"的方法计算耗料成本。

其实,采用领料制度的管理方法核算出来的原材料成本更真实可靠,有利于控制原材料的消耗,凡有条件的企业都应采用此方法。用以存计耗的方法计算成本虽然手续简便,但不能从账上及时反映餐饮原材料的耗用情况,而且原材料的盈亏和耗用混淆不清,漏洞较多,损耗较大,责任不明,不利于加强经济核算和成本控制。所以,应尽量避免采用这种方法。

[例]某点心房进行本月原料消耗的月末盘存,其结果剩余580.00元原料成本。已知此点心房本月共领用原料成本2600.00元,上月末结存罐头等原料成本460.00元,问此点心房本月实际消耗原料成本为多少元?

解:实际耗料成本=上月结存额+本月领用额-月末结余额
$$=460.00+2600.00-580.00=2480.00(元)$$

答:此点心房本月实际消耗原料成本为2480.00元。

2.餐饮成本月报表的编制

某餐饮企业餐饮产品成本月报表见表3-2。

表3-2 某餐饮企业餐饮产品成本月报表

编制日期:2016年7月31日　　　　　　　　　　　　　　　　　　　　　单位:元

项目	金额
月初仓库结存额	120 000.00
月初厨房结存额	42 000.00
本月仓库采购额	220 000.00
本月直接购入额	190 000.00
减:月末仓库盘存额	114 000.00

续表

项目	金额
减：月末厨房盘存额	45 000.00
本月餐饮成本总消耗	413 000.00
内部调入成本	
减：内部调出成本	
减：下脚料销售收入	
减：招待用餐餐饮产品成本	18 500.00
减：员工用餐成本	36 000.00
减：员工购买餐饮产品收入	
减：其他杂项扣除	4500.00
扣除总额	59 000.00
本月餐饮成本净额	354 000.00
本月餐饮营业额	735 967.00
标准成本率	46%
实际成本率	48.1%

从表3-2可以看出，该企业的标准成本率为46%，实际成本率48.1%，比标准成本率高2.1个百分点，说明餐饮成本控制还存在一定的问题，有待进一步解决。

以某厨房为例，其餐饮产品成本月报表见表3-3。

表3-3 某厨房餐饮产品成本月报表

编制日期：2016年7月31日　　　　　　　　　　　　　　　　　　　　　单位：元

项目	金额
月初厨房结存额	14 000.00
本月仓库领用额	71 000.00
本月直接购入额	63 000.00
减：月末厨房盘存额	12 000.00

续表

项目	金额
本月餐饮成本总消耗	136 000.00
内部调入的成本	
减:内部调出成本	
减:下脚料销售收入	
减:招待用餐餐饮产品成本	3 500.00
减:员工用餐餐饮产品成本	8 500.00
减:员工购买餐饮产品收入	
减:其他杂项扣除	1 500.00
扣除总额	13 500.00
本月餐饮成本净额	122 500.00
本月餐饮营业额	275 281.00
标准成本率	48%
实际成本率	44.5%

从表 3-3 可以看出,该企业的标准成本率为 48%,实际成本率 44.5%,比标准成本率低 3.5 个百分点,说明餐饮成本控制有一定的成效或者投料不足,需要进一步分析原因。

3. 实际成本率与标准成本率的对比分析(以表 3-3 为例)

(1)查企业的评价标准。假设实际成本率与标准成本率的相对误差小于 3% 为优,3%~6% 为良,大于 6% 为差。

(2)计算实际成本率与标准成本率的相对误差。

$$实际相对误差 = \frac{|44.5\% - 48\%|}{48\%} = 7.3\%$$

(3)比较成本率的相对误差。7.3%>6%,表明误差较大,超出了规定的标准。

(4)分析问题。在原料实际成本与标准成本一致的情况下,通过比较,发现实际投料的数量普遍未达到规定的标准数量,因此造成实际成本率低于标准成本率 3.5 个百分点(即 48%~44.5%)。

(5)结论。造成实际成本率低于标准成本率的原因是投料量偏低。

二、餐饮成本日报表

通过分析月餐饮产品成本报告,固然可以发现成本控制中存在的问题,然而采取纠正措施后,却需要等待一个月的时间才能看出纠正措施的效果如何。由于月餐饮产品成本报告间隔时间过长,对企业的日常业务指导意义不大,因而企业除了进行月餐饮产品成本核算,还需进行日餐饮产品成本核算。

餐饮企业每日餐饮产品成本由直接发料成本和库房发料成本组成。直接发料成本应记入发料当天的餐饮产品成本,其数据可从企业每天的进料日报表上得到。库房发料成本应记入发料日的餐饮产品成本,其数据可从领料单(见表 3-4)上得到。

表 3-4　原材料领料单

编号:
部门:　　　　　　　　年　月　日　　　　　　　　　　单位:元

材料名称	规格	计量单位	数量		单价	金额	备注
			请领	实发			
合计							

厨师长＿＿＿＿＿　　　　保管员＿＿＿＿＿　　　　领料人＿＿＿＿＿

除了直接发料成本和库房发料成本以外,同时还应考虑其他成本,如内部调拨、员工用餐餐饮产品成本、招待用餐餐饮产品成本等。其计算公式如下:

餐饮产品成本＝直接购入成本＋仓库领用成本＋内部调入成本－内部调出成本－员工用餐餐饮产品成本－招待用餐餐饮产品成本－员工购买餐饮产品收入－下脚料销售收入－其他杂项扣除

计算出餐饮产品日成本后,再从有关收入报表中取得日销售额数据,可计算出日餐饮产品成本表。

具体步骤:

(1)核算各餐厅的营业收入。餐厅营业收入包括餐饮产品收入和酒水收入。以餐厅收款员的收入报表为基础,分别计算出各餐厅每天的餐饮产品收入和酒水收入。采用计算机联网、客人刷卡收费的企业,可直接根据计算机中的客人刷卡消费记录核算各餐厅及全店的餐饮产品收入和酒水收入。

(2)核算每日餐饮产品成本。餐厅营业成本包括餐饮产品成本和酒水成本。每天及时收集各厨房的领料单、直拨单、调拨单、结存单、内部招待单等有关凭证,并认真进行审核。各餐厅的实际餐饮产品成本是根据以上原始凭证核算的结果统计而来的,如:

①直接购入成本。根据直拨单统计的各厨房每天购进,经验收并直接进入厨房使用的原材料成本额。

②仓库领用成本。根据领料单统计的各厨房每天从仓库领用的原材料成本额。

③内部调入成本。根据调拨单统计的,各厨房在每天生产过程中,因个别原材料短缺而从其他厨房调用的餐饮原材料成本额。

④内部调出成本。根据调拨单统计的,由本厨房拨给其他厨房的餐饮原材料成本额。

⑤员工用餐餐饮产品成本。即企业内部员工工作餐消耗的餐饮原材料成本。职工用餐成本不应计入餐饮成本,应转入营业费用或管理费用。

⑥招待用餐餐饮产品成本。因业务交际往来或酒店内部请客吃饭消耗的餐饮原材料及酒水成本。招待用餐成本不应计入餐饮成本,应转入营业费用或管理费用。

⑦余料出售成本。出售下脚料、半成品、成品回收的金额。

⑧结存成本。一是上日结存,即昨天未用完的原材料今天继续使用,其成本应计入今日消耗;二是本日结存,即当日未用完的原料可留作下日使用,其成本额应从当日成本中扣除。厨房每日成本结存数一般都是选择几天或更长的天数,经过实际测试得到大致每日平均结存来确定。只有那些重要原材料或当日结存量大的原材料,才在当日核定成本结存数。

$$结存成本 = 本日结存成本 - 上日结存成本$$

$$当日餐饮原料成本 = 直接购入成本 + 仓库领用成本 + 内部调入成本 - 内部调出成本 - 职工用餐成本 - 招待用餐成本 - 余料出售成本 - 结存成本$$

(3)核算餐厅成本率和成本误差率。在餐厅每日成本核算的基础上,分别核算每个餐厅每天的餐饮产品成本率、饮料成本率和平均成本率,然后汇总成全店的餐饮产品成本率、饮料成本率和平均成本率,并与餐厅的标准成本率比较,分析误差,从而达到掌握成本动态,控制日常成本消耗的目的。

$$当日餐饮产品成本率 = \frac{当日食品成本}{当日食品营业额} \times 100\%$$

$$当日饮料成本率 = \frac{当日饮料成本}{当日饮料营业额} \times 100\%$$

$$成本误差率 = \frac{|实际成本率 - 标准成本率|}{标准成本率} \times 100\%$$

$$成本率差额 = 实际成本率 - 标准成本率$$

[例1] 某企业有一餐厅和二餐厅两个餐厅,9月12日成本核算员收集企业的两个餐厅的成本核算资料如下,试计算当日各餐厅及全店餐饮成本(见表3-5)。

解: 根据上述统计资料,直接核算当日成本,并与标准成本比较。假定规定的成本误差率<2%,成本率差额<1.2%。

表3-5 某企业餐厅日成本核算资料

2016年9月12日　　　　　　　　　　　　　　　　　单位:元

项目	一餐厅			二餐厅			合计		
	食品	饮料	合计	食品	饮料	合计	食品	饮料	合计
直接购入	3420	820	4240	4150	1100	5250	7570	1920	9490
仓库领用	4460	200	4660	4560	420	4980	9020	620	9640
内部调入	70	—	70	150	210	360	220	210	430
内部调出	140	210	350	-140	—	-140	0	210	210
职工用餐	120		120	140		140	260		260
招待用餐	200	100	300		210	210	200	310	510
余料出售	30		30	50		50	80		80
上日结存	220	500	720	380	560	940	600	1060	1660
本日结存	270	420	690	320	250	570	590	670	1260
当日营业额	16 841	2926	19 767	24 861	6905	31 766	41 702	9831	51 533
标准成本率(%)	42	30	40.22	38	28	35.82	39.6	28.59	37.51

核算结果如表3-6所示:

表3-6 某企业餐厅日成本核算结果

2016年9月12日   单位:元

项目	一餐厅			二餐厅			合计		
	食品	饮料	合计	食品	饮料	合计	食品	饮料	合计
实际成本	7410	790	8200	8870	1830	10 700	16 280	2620	18 900
标准成本	7073	878	7951	9447	1933	11 380	16 514	2811	19 325
绝对数误差	337	-88	249	-577	-103	-680	-234	-191	-425
相对数误差(%)	4.76	-10.0	3.13	-6.11	-5.33	-5.98	-1.42	-6.79	-2.20
实际成本率(%)	44	27	41.5	35.7	26.5	33.68	39.04	26.65	36.68
标准成本率(%)	42	30	40.22	38	28	35.82	39.6	28.59	37.51
成本率差额(%)	2	-3	1.28	-2.3	-1.5	-2.14	-0.56	-1.94	-0.83

分析结果表明,该企业9月12日一、二餐厅成本绝对误差分别为249元、-680元,合计-431元,相对误差分别为3.13%、-5.98%,合计为-2.85%,均超过规定的成本误差率2%的要求。为此,应查明具体原因,提出改进措施。

(4)编制食品成本日报表。将分类统计核算出的食品成本分别填入各餐厅的食品成本栏内,然后将各餐厅的营业额分别填入各餐厅营业额栏内,最后核算出各餐厅的食品成本率。综合汇总编制完成食品成本日报表(见表3-7),并附上情况分析说明。

表3-7 某餐厅食品成本日报表

2016年9月18日   单位:元

日期	直接购入	仓库领用	内部调拨		职工用餐	招待用餐	余料出售	食品成本		营业额		食品成本率(%)	
			调进	调出				当日	累计	当日	累计	当日	累计
1	1000	800	200	120	100	150	20	1610	1610	3578	3578	45.0	45.0
2	1050	650	50	100	80	120	30	1420	3030	3191	6769	44.5	44.8
3	1200	750	150	60	100	—	20	1920	4950	4414	11 183	43.5	44.3
4	1080	680	220	0	110	100	—	1770	6720	4204	15 387	42.1	43.7

续表

日期	直接购入	仓库领用	内部调拨		职工用餐	招待用餐	余料出售	食品成本		营业额		食品成本率(%)	
			调进	调出				当日	累计	当日	累计	当日	累计
5	800	920	160	50	80	—	50	1700	8420	3753	19 140	45.3	44.0
6	1100	870	250	200	90	200	20	1710	10 130	4120	23 260	41.5	43.6
7	950	860	—	100	80		30	1600	11 730	3951	27 211	40.5	43.1
⋮													
31	1200	700	250	140	100	250	20	1640	52 700	4152	123 131	39.5	42.8

[例2] 如表3-7所提供的数据,计算该餐厅2016年8月3日的食品成本、累计成本、当日食品成本率和累计食品成本率。

解:

2016年8月3日的食品成本 = 1200.00 + 750.00 + 150.00 − 60.00 − 100.00 − 20.00
= 1920.00(元)

1—3日的累计成本 = 3030.00 + 1920.00 = 4950.00(元)

$$8月3日的食品成本率 = \frac{1920.00}{4414.00} = 43.5\%$$

$$1—3日的累计成本率 = \frac{4950.00}{11\,183.00} = 44.3\%$$

答:2016年8月3日的食品成本1920.00元,1—3日的累计成本4950.00元,食品成本率为43.5%,累计食品成本率为44.3%。

采用以上方法计算出的食品成本及食品成本率一般是比较粗略的,因为厨房领用的原料和直接采购的原料不可能于当天全部消耗完,对厨房存料额一般忽略不计。因此计算出的餐饮日成本额与实际的日成本额存在一定的误差。为了减少日成本核算误差带来的影响,加强企业成本控制,必须认真核算每月的餐饮成本。

酒水成本日报表可参照表3-7编制,表3-8为最简单的酒水成本日报表。

表3-8 酒水成本日报表

2016年8月16日 单位:元

项目	当日	累计	
		本周累计	上周累计
营业收入	8500.00	43 500.00	38 200.00
酒水成本	4000.00	20 000.00	18 500.00
酒水成本率	47%	46%	48.4%

该表列出了企业当日的酒水成本,并将此项与本周累计及上周同期的成本率进行比较。从该表中可以看出,当日成本率高于本周累计平均成本率;本周累计成本率比上周同期降低2.4%,说明成本控制见了成效。由于是近期比较,管理者比较容易发现问题及其原因,从而指导其对日常工作进行调整、协调和控制。

本章小结

本章主要介绍餐饮产品成本核算的方法、中餐筵席和西餐宴会成本核算及餐饮成本报表,并介绍了餐饮产品成本核算的方法,即单一产品的核算方法和批量产品的核算方法两种。筵席是一组系列化菜点,其成本核算其实就是多个单一产品的核算。餐饮成本报表分日报表和月报表两种,月报表的编制一般采用"以存计耗"的方法进行。掌握有关成本核算的步骤是本章的重点和难点。

思考与练习

(一)判断题

1.餐饮产品的成本为所耗用的主、配料成本与调味品成本之和。 ( )
2.先总后分法就是先求出每批产品的总成本,然后求出其每一单位产品的平均成本。 ( )
3.餐饮业基本上都是采用以账面领用数计算所用的原材料成本。 ( )
4.点心食品一般是采用先分后总的方法计算其成本。 ( )

5.将组成筵席的各种菜点的原料成本相加,其总值即为该筵席的成本。
（   ）

6.某普通筵席销售价格标准是50.00元/人,接待人数为100人,规定销售毛利率是45%,投入的原料成本应2250.00元。
（   ）

7.西餐宴会成本的核算方法与中餐筵席成本的核算方法基本上是一致的。
（   ）

（二）讨论题

餐饮业的原材料流动性较大,月末出库的原料也不一定用完,难道每个月末都得盘点所有的库存,然后用"本月耗用原材料成本=厨房原料月初结存额+本月领用额−月末盘存额"公式才能计算出成本吗?有没有别的更好的方法?

有一些原材料,比如蔬菜、水果,因为价格较合理而在小商贩那进货的,但一般都没有发票,这些原材料如何入账?大家一起来讨论。

（三）实用练习

1.制作鲜肉蒸饺50份,售价100.00元,其用料及单价如下:精面粉2.5千克,单价6.40元/千克;腿肉1.00千克,单价24.00元/千克;麻油0.15千克,单价38.00元/千克;瓜菜酌量5.00元;葱、姜调味品少许10.00元。试求每份鲜肉蒸饺的成本是多少元?毛利率为多少?

2.某菜肴用4种原材料制作而成,其中A原料净料3.5千克,净料率70%,其毛料进货单价为4.80元/千克;B原料2千克,单价为4.00元/千克;C原料净料0.90千克,净料率45%,其毛料进货单价为3.60元/千克;D原料净料0.15千克,净料率50%,其进货单价为1.20元/千克;共出品8份。试求该菜肴的总成本和单位成本。

3.小笼汤包每100份的用料是:富强粉5千克(6.40元/千克),瘦肉6.5千克(24.00元/千克),肉皮2千克(20.00元/千克),味精40克(12.00元/千克),胡椒10克(36.00元/千克),白糖100克(6.00元/千克),麻油125克(38.00元/千克),生姜400克(10.00元/千克),酱油1000克(2.70元/千克),醋500克(4.00元/千克),黄酒、碱、盐少许,作价0.80元。求每份小笼汤包的成本。

4.一盘红烩牛肉,耗用原料:牛肉0.5千克(70.00元/千克),土豆0.25千克(4.00元/千克),食油0.05千克(12.00元/千克),洋葱0.15千克(4.00元/千克),番茄酱0.04千克(8.00元/千克),香叶、红椒粉、油面酱、盐、胡椒粉等共2.00元。求这盘红烩牛肉的成本。

5.某厨房本月营业额为261 540.00元,该厨房对本月原料消耗情况进行月末盘存,结果剩余12 500.00元原料成本。已知该厨房本月共领用原料成本136 000.00元,上月末结存原料成本15 200.00元。问该厨房本月实际消耗原料成本为多少元?实际成本率为多少?

6.顾客预订普通筵席20桌,每桌560.00元(酒水另计),其销售毛利率52%,4冷盘、4热炒、6大菜、2点心1果盘,各类菜点占总耗料成本的百分比分别为15%、25%、50%、10%。试计算该筵席各类菜点的成本。

7.某餐饮企业的厨房2016年7月全月营业额为367 520.00元,标准成本率为48%。有关餐饮成本资料如下:月初仓库结存原料成本额58 860.00元,厨房结存额19 885.00元;全月仓库采购原料和厨房直接购入原料分别为108 954.00元、96 450.00元;全月职工工作餐、招待业务用餐分别耗用原料费9245.00元、17 850.00元;7月31日对仓库和厨房结存原料进行盘点,盘存结果分别为56 142.00元、21 980.00元。

根据上述资料,试编制该厨房2016年7月份的成本报表。

第 4 章
餐饮产品价格的核算

学习目标

- 了解餐饮产品价格的构成,掌握毛利与利润的关系
- 了解成本毛利率和销售毛利率的含义,掌握成本毛利率和销售毛利率的计算方法
- 了解毛利率与价格的关系,掌握餐饮产品毛利率的确定方法
- 了解综合毛利率和分类毛利率的关系
- 掌握餐饮产品价格的计算方法和餐饮产品毛利率的核算方法,并能正确熟练运用于实际生产管理中

价格是商品价值的具体表现,核实餐饮产品价格是餐饮业进行成本核算的最终目的。所以餐饮产品价格的核算直接关系到餐饮企业经营目标和经营决策,给餐饮产品科学合理定价,显得十分重要。

第一节 餐饮产品价格的构成

一、餐饮产品的成本和价格

我们知道,餐饮业是产、销、服务三个过程同时在一个企业内的实现,所以餐饮产品的成本应包括生产成本、销售成本、服务成本。餐饮产品的销售价格是由产品成本、营业费用、营业税金及附加和利润四部分组成。然而,在实际操作中,各种餐饮产品在生产和销售过程中,除原材料成本可以单独按品种核算外,生产经营费用很难分摊到产品成本中。所以,餐饮行业在核算餐饮产品价格时,通常把原材料成本作为产品成本要素,而把经营费用、营业税金及附加、利润合并在一起形成"毛利",以便计算餐饮产品价格。即:

餐饮产品价格＝产品成本＋生产经营费用＋利润＋营业税金及附加

或
餐饮产品价格＝产品成本＋毛利

产品成本指产品所耗用的原材料成本，即主料、配料和调味品成本。生产经营费用包括生产经营中的各项开支，如水电费、燃料费、工资、折旧费、租赁费、办公费、维修费等。

餐饮业实行"营改增"后，一般纳税人的增值税率为6%，小规模纳税人的综合征收率为3%。营业税金及附加主要指的是城市维护建设税（增值税的7%、5%、1%）和教育费附加（增值税的3%）。

利润也称纯利，指营业收入扣除产品成本、生产经营费用、营业税金及附加后的余额。它是反映企业经营成本好坏的指标。即：

利润＝毛利－营业费用－营业税金及附加

产品成本和价格确定后，企业能否获利，就要看其毛利是否大于生产经营费用与营业税金及附加之和。凡毛利大于二者之和，企业就会有所盈余；反之，毛利小于二者之和，企业就会出现亏损。

[例] 文华大酒店中餐厅10月份的经营情况如下：

营业收入　　　580 000.00元
营业成本　　　310 000.00元
营业费用　　　144 000.00元

试求该餐厅10月份的毛利率、经营利润和利润率。

解：

（1）先计算出毛利额

$$毛利额 = 营业收入 - 营业成本$$
$$= 580\,000.00 - 310\,000.00$$
$$= 270\,000.00(元)$$

（2）计算毛利率（综合毛利率）

$$毛利率 = \frac{毛利额}{营业额} \times 100\%$$
$$= \frac{270\,000.00}{580\,000.00} \times 100\% = 46.6\%$$

（3）计算经营利润

利润＝毛利额－营业费用－营业税（营业税按5%计）
$$= 270\,000.00 - 144\,000.00 - (580\,000.00 \times 5\%)$$
$$= 970\,000.00(元)$$

(4) 计算利润率

$$利润率 = \frac{利润额}{营业额} \times 100\%$$

$$= \frac{97\,000.00}{580\,000.00} \times 100\% = 16.7\%$$

答：该餐厅10月份的毛利率为46.6%，经营利润为970 000.00元，利润率为16.7%。

根据餐饮业的特点，餐饮产品价格一般是通过毛利率来控制和体现的，由企业按照物价管理部门的规定和市场正常价格秩序，结合本企业的特点，逐一确定具体经营品种的毛利率和销售价格，得出综合毛利率。在综合毛利率确定的情况下，控制营业费用是企业获得利润的重要途径。

二、毛利率和利润率

1.毛利率

毛利率是毛利与成本或销售价格的比率。可分为成本毛利率和销售毛利率两种形式。

成本毛利率是毛利与成本的比率，它体现了毛利与成本的关系。其计算公式为：

$$成本毛利率 = \frac{产品毛利}{产品成本} \times 100\%$$

销售毛利率是毛利与销售价格的比率，它体现了毛利与销售价格的关系。其计算公式为：

$$销售毛利率 = \frac{产品毛利}{产品销售价格} \times 100\%$$

[例]某饭店一盘"油爆双脆"的原材料成本是24.00元，如该菜肴的销售价格为40.00元，问该菜肴的成本毛利率是多少？销售毛利率又是多少？

解：(1) 计算出该菜肴的毛利

毛利 = 产品销售价格 - 产品成本
= 40.00 - 24.00 = 16.00(元)

(2) 根据公式

$$成本毛利率 = \frac{产品毛利}{产品成本} \times 100\%$$

$$= \frac{16.00}{24.00} \times 100\% = 67\%$$

$$销售毛利率 = \frac{产品毛利}{产品销售价格} \times 100\%$$

$$= \frac{16.00}{40.00} \times 100\% = 40\%$$

答：该菜肴的成本毛利率是67%，销售毛利率是40%。

以上可以看出，不论是成本毛利率还是销售毛利率，经营者都能方便、迅速地了解某个餐饮产品的毛利情况。行业中通常使用的是销售毛利率。

2. 利润率

利润率是指利润与成本或销售价格的比率。可分为成本利润率和销售利润率两种形式。

成本利润率是产品利润与产品成本的比率，它体现了利润与成本的关系。其计算公式为：

$$成本利润率 = \frac{产品利润}{产品成本} \times 100\%$$

销售利润率是产品利润与产品销售价格的比率，它体现了利润与产品销售价格的关系。其计算公式为：

$$销售利润率 = \frac{产品利润}{产品销售价格} \times 100\%$$

[例] 某饭店一季度营业额为246 000.00元，原材料成本耗用124 000.00元，营业费用68 600.00元，营业税12 300.00元，问该饭店一季度的成本利润率是多少？销售利润率是多少？

解：

产品利润 = 营业额 - 原材料成本 - 营业费用 - 营业税

= 246 000.00 - 124 000.00 - 68 600.00 - 12 300.00 = 41 100.00(元)

根据公式

$$成本利润率 = \frac{产品利润}{产品成本} \times 100\%$$

$$= \frac{41\ 100.00}{124\ 000.00} \times 100\% = 33.2\%$$

$$销售利润率 = \frac{产品利润}{产品销售价格} \times 100\%$$

$$= \frac{41\ 100.00}{246\ 000.00} \times 100\% = 16.7\%$$

答：该饭店一季度的成本利润率是33.2%；销售利润率是16.7%。

利润率适合于企业在某一时间段的核算，不适合单一产品的计算，对利润目标管理、原材料成本、经营费用的控制有现实意义。

第二节 餐饮产品毛利率的确定

一、毛利率与价格的关系

毛利率是毛利与成本或销售价格之间的比率。产品价格的制定、企业的利润是以销售毛利率来核算的，它不但在一定程度上反映着产品的利润水平，还直接决定着产品的价格水平，决定着企业的盈亏，关系着消费者的利益。产品成本一经确定，毛利率越高，价格也越高，企业获得的利润也就增高；反之，毛利率越低，价格也越低，企业获得的利润也相对减少。所以说合理地制定餐饮产品的价格，除了必须精确地核算出产品的成本外，还必须正确地确定餐饮产品的毛利率。只有这样，才能适应市场需求，提高企业的竞争能力，促进企业朝好的方向发展。

二、确定产品毛利率的原则

根据餐饮业的特点，餐饮产品的价格是通过毛利率来控制和体现的。在确定产品的毛利率时，应充分考虑以下几个方面的因素。

(1)用料精致、货源缺乏的菜点，毛利率要高些；原料质地一般、货源充足的大众化食品，毛利率可以适当低些。

(2)技术力量强，设施设备条件好，服务项目全面，档次较高的饭店、餐厅，毛利率要比一般的饭店、餐厅高些。

(3)富有特色的风味名菜、名点，毛利率可比一般菜点的毛利率高些。

(4)加工制作过程复杂，耗工耗时的菜点，毛利率要比一般大众化菜点的毛利率高些。

(5)原料成本价值低，起售数量小的产品，毛利率可适当高些。

餐饮业一般将大众化产品的毛利率定在35%~40%；将热炒、冷菜的毛利率定在40%~50%；将特色风味菜肴和高档宴席的毛利率定在50%~60%。事实上毛利率的确定还要根据经营者的经营规模、条件、特点、客源量来调节。宾馆、饭店的装修环境和服务设施的差异也是制定毛利率的依据。那些环境幽雅，装修得富丽堂皇,服务设施齐备,服务功能齐全的星级宾馆、饭店,经营费用大,毛利率必须定得高些,综合毛利率可控制在50%~55%;中档的宾馆、饭店,服务设施和服务功能不及星级宾馆、饭店,经营费用相对小些,毛利率可以定得低些,综合毛利率可控制在45%~50%;一般饭店或大排档,经营费用较小,综合毛利率应定低些,做到薄利多销,可控制在40%~45%。同时,刚开张的饭店,应采取让利促销的经营策略,降低毛利率,随着生意逐步红火,通过市场调查,毛利率可以适当上调。但餐饮价格也不宜频繁变动,要有相对的稳定性,否则,会失去消费者的信任,挫伤消费者的积极性。

三、综合毛利率与分类毛利率

在实际运用中,餐饮业的毛利率分为综合毛利率和分类毛利率两类。

1. 综合毛利率

综合毛利率是指某一地区或某一等级、某一类型餐饮企业的平均毛利率。它是按照一定地区或某一类型餐饮企业的毛利总额和销售总额来计算的,也就是毛利总额占销售总额的百分比。用公式表示为:

$$综合毛利率 = \frac{销售总额 - 产品成本总额}{销售总额} \times 100\%$$

综合毛利率是由各级物价管理部门核定的,是掌握和考核不同地区、不同餐饮企业在某一时期内销售价格总水平是否符合物价政策、是否符合市场物价水平的综合指标,也是检查企业经营方向的重要指标。

2. 分类毛利率

分类毛利率是指某一地区或某一等级、某一类型餐饮企业的各类餐饮产品的毛利率。它是按照餐饮产品的不同类型分类核算的。如面制品类、普通菜肴类、高档菜肴类等,它们的毛利率是不同的,应分类确定毛利率。餐饮产品的分类毛利率的确定,可根据各级物价管理部门的物价政策作为参考,结合本企业的档次、经营水平来确定。用公式表示为:

$$分类毛利率 = \frac{本类餐饮产品销售额 - 本类餐饮产品成本额}{本类餐饮产品销售额} \times 100\%$$

综合毛利率与分类毛利率是相互联系、相互制约的,其关系是:在分类毛利率的基础上形成综合毛利率;综合毛利率一经确定,就控制着分类毛利率。综合毛利率是整个餐饮企业的经营指标,而分类毛利率则是餐饮企业各生产部门的指标。只有各生产部门完成分类毛利率的指标,才能确保整个餐饮企业完成综合毛利率的指标。综合毛利率与分类毛利率的关系如表4-1所示。

表 4-1　××餐厅综合毛利率和分类毛利率统计

经营种类	销售额 ①	毛利额 ②	分类毛利率 ③=②/①×100%	各类销售比重 ④=①/Σ①×100%	综合毛利率 ⑤=③×④
热炒菜	240 000.00	110 400.00	46%	62.2%	28.6%
烧卤凉菜（明档）	82 000.00	34 440.00	42%	21.2%	8.9%
粮食面点制品	64 000.00	25 600.00	40%	16.6%	6.64%
合计	386 000.00	170 440.00	—	—	44.14%

以上可以看出，同类的单个产品毛利率构成分类毛利率，分类毛利率是构成综合毛利率的基础，而综合毛利率反映出企业的经营效果。

第三节　餐饮产品价格的计算

在精确核算了产品的成本和合理确定了产品的毛利率之后，就能计算出产品的价格。通常餐饮业用成本毛利率和销售毛利率两种方法来计算产品的价格。

一、成本毛利率法

成本毛利率法是根据餐饮产品的成本和成本毛利率来计算产品销售价格的定价方法。这种方法在餐饮行业中也称为"外加法"。

其计算公式的推导为：

设：S—销售价格　　C—产品成本　　M—毛利　　RC—成本毛利率

我们知道，成本毛利率就是毛利与成本的比值。即：

$$RC = \frac{M}{C} \qquad ①$$

又因为产品价格等于产品成本加毛利。即：

$$S = C + M \qquad ②$$

将①移项后代入②得

S=C+C×RC　　合并得：

S=C(1+RC)

即：产品销售价格＝产品成本×(1+成本毛利率)

[例1] 某饭店制作的花菇凤翅耗用鸡翅膀450克,其进货单价为24.00元/千克;花菇50克,进货单价为90.00元/千克;料酒、生抽、蚝油、盐、味精、油等调味品成本约为1.60元,该菜肴的成本毛利率确定为85%,求该菜肴的销售价格是多少?

解:(1)计算耗用原料成本

鸡翅膀成本:0.45×24.00=10.80元

花菇成本:0.05×90.00=4.50元

调味品成本:1.60元

合计成本:16.90元

(2)计算销售价格,代入公式

$$S = C(1+RC)$$
$$= 16.90 \times (1+85\%)$$
$$= 31.27(元)$$

答:该菜肴的销售价格是31.27元。

[例2] 生产某批面点,已知原材料耗用共560.00元,销售后获营业额1040.00元,问该产品的成本毛利率是多少?

解:(1)先计算出产品的毛利额,根据公式

$$产品毛利额 = 销售额 - 产品成本$$
$$= 1040.00 - 560.00$$
$$= 480.00(元)$$

(2)求产品的成本毛利率,根据公式

$$成本毛利率 = \frac{产品毛利}{产品成本}$$
$$= \frac{480.00}{560.00} \times 100\%$$
$$= 85.71\%$$

答:该产品的成本毛利率是85.71%。

以上例子可以看出,用成本毛利率法计算销售价格简单明了,易于掌握,直接体现了成本与毛利的关系,厨房工作人员多用此法。但在财务核算中,成本毛利率不易反映产品销售总额中毛利所占的比例,不便于分析财务成果,所以餐饮业财务人员一般不采用此法。

利用成本毛利率不仅可以计算销售价格,而且可用来计算产品的成本。

[例]已知一盘菜肴的销售价格是18.00元,确定该菜肴的成本毛利率是80%,求该菜肴的成本应是多少?

解:由公式 S=C(1+RC)移项后得

$$C = \frac{S}{1+RC}$$

$$= \frac{18.00}{1+80\%} = 10.00(元)$$

答:该菜肴的成本应是10.00元。

二、销售毛利率法

销售毛利率法是根据餐饮产品的成本和销售毛利率来计算产品销售价格的定价方法。这种方法在餐饮行业中也称为"内扣法"。销售毛利率能反映营业收入、原料成本和经营费用的关系,所以在单个产品毛利率、分类毛利率及综合毛利率均是指销售毛利率,企业在制定经营指标时都是以销售毛利率来确定的。其计算公式的推导为:

设:S—销售价格　　C—产品成本　　M—毛利　　RS—销售毛利率

我们知道,销售毛利率就是毛利与销售价格的比值。即:

$$RS = \frac{M}{S} \quad ①$$

又因为产品销售价格等于产品成本加毛利。即:

$$S = C + M \quad ②$$

将①移项后代入②得

$$S = C + C \times RS$$

移项合并后得:

$$S(1-RS) = C$$

移项得

$$S = \frac{C}{1-RS}$$

即:产品销售价格 = $\frac{产品成本}{1-销售毛利率}$

[例1]已知生产某批面点原材料耗用共560.00元,销售后营业额为1040.00元,求该面点产品销售毛利率为多少?

解:(1)求产品的毛利额

$$产品毛利额 = 销售额 - 产品成本$$
$$= 1040.00 - 560.00$$
$$= 480.00(元)$$

(2)求产品的销售毛利率,根据公式

$$销售毛利率 = \frac{产品毛利}{产品销售额}$$
$$= \frac{480.00}{1040.00} \times 100\%$$
$$= 46.2\%$$

答:该面点产品销售毛利率为46.2%。

[例2]某食堂提供80份青椒炒肉片,耗用原料:猪肉8千克(单价24.00元/千克),青椒6千克(单价4.20元/千克),青蒜2千克(单价3.40元/千克),食用油1.5千克(单价16.00元/千克),各调配料计8.00元,求每份菜的成本是多少?如该食堂确定销售毛利率为46%,问每份菜的售价应是多少?

解:(1)求每份菜的成本,根据公式

$$每份菜的成本 = \frac{本批产品所耗原料总成本}{产品数量}$$
$$= \frac{8 \times 24.00 + 6 \times 4.20 + 2 \times 3.40 + 1.5 \times 16.00 + 8.00}{80}$$
$$= 3.20(元)$$

(2)求每份菜的售价,根据公式

$$每份菜的售价 = \frac{成本}{1 - 销售毛利率}$$
$$= \frac{3.20}{1 - 46\%}$$
$$= 5.93(元) \approx 6.00(元)$$

答:每份菜的成本是3.20元,如该食堂确定销售毛利率为46%,每份菜可按6.00元销售。

[例3]现生产100个墨西哥面包,耗用原料:高筋面粉10千克(单价7.20元/千克),白砂糖1.8千克(单价7.20元/千克),鸡蛋800克(单价11.60元/千克),麦淇淋(人造奶油)800克(单价24.00元/千克),奶粉300克(单价48.00元/

500克),干酵母150克(单价24.00元/500克),面包改良剂100克(单价22.00元/500克)。求每个面包的成本是多少?如每个面包售价为3.00元,问销售毛利率是多少?

解:(1)按投料定量和单价求出生产200个面包所耗用的各种原料成本

高筋面粉　　10×7.20＝72.00(元)

白砂糖　　　1.8×7.20＝12.96(元)

鸡蛋　　　　0.8×11.60＝9.28(元)

麦淇淋　　　0.8×24.00＝19.20(元)

奶粉　　　　$300 \times \dfrac{48.00}{500} = 28.80$(元)

干酵母　　　$150 \times \dfrac{24.00}{500} = 7.20$(元)

面包改良剂　$100 \times \dfrac{22.00}{500} = 4.40$(元)

(2)求每个面包的成本,代入公式

$$每个面包的成本 = \dfrac{本批产品所耗用的原料总成本}{产品数量}$$

$$= \dfrac{72.00+12.96+9.28+19.20+28.80+7.20+4.40}{100}$$

$$= 1.54(元)$$

(3)求面包销售毛利率

$$每个面包的毛利 = 售价 - 成本$$
$$= 3.00 - 1.54$$
$$= 1.46(元)$$

$$面包的销售毛利率 = \dfrac{毛利}{销售价格} \times 100\%$$
$$= \dfrac{1.46}{3.00} \times 100\%$$
$$= 49\%$$

答:每个面包的成本是1.54元,如每个面包售价为3.00元,销售毛利率是49%。

[例4]某顾客预订酒席,标准是580.00元/桌,如该酒店确定销售毛利率为48%,问每桌酒席的成本为多少元?销售毛利额为多少元?

解:(1)求每桌酒席成本,根据公式

$$每桌酒席成本=销售价格\times(1-销售毛利率)$$
$$=580.00\times(1-48\%)$$
$$=301.60(元)$$

(2)求每桌酒席毛利额

$$每桌酒席毛利额=售价-成本$$
$$=580.00-301.60$$
$$=278.40(元)$$

答:每桌酒席成本为301.60元,销售毛利额为278.40元。

[例5] 某饼屋月初库存原料存额为2860.00元,本月购进原料共14 420.00元,月末库存原料存额为1260.00元。本月营业额为25 840.00元,求该饼屋本月销售毛利率是多少?

解:(1)计算出月耗原料成本

$$14\ 420.00+2860.00-1260.00=16\ 020.00(元)$$

(2)计算出月毛利额

$$25\ 840.00-16\ 020.00=9820.00(元)$$

(3)根据公式

$$销售毛利率=\frac{毛利}{营业额}\times 100\%$$
$$=\frac{9820.00}{25\ 840.00}\times 100\%$$
$$=38\%$$

答:该饼屋本月销售毛利率是38%。

第四节 餐饮产品毛利率的换算

销售毛利率和成本毛利率计算方法各有其优点,但从分析财务成果上看,销售毛利率法优于成本毛利率法。因为财务会计中的各项指标,如费用率、税金率、资金周转率、利润率等,都是以营业额为基数计算的,这和销售毛利率的计算口径是一致的。为了便于比较,可以把这些重要财务指标相互之间的关系用下列公式表示为:

$$销售毛利率=费用率+税金率+利润率$$

如果用成本毛利率计算的话,上列公式就不适用,因为成本毛利率计算是以成本为基数,这对于分析、检查和编制计划来讲都很不方便。

但从计算销售价格上看,成本毛利率法却比销售毛利率法更为简便,因为成本毛利率法是用"外加法",而销售毛利率法是用"内扣法"。在实际工作中,餐饮产品生产人员,特别是厨房生产人员大都习惯用"内扣法",为了解决这个矛盾,计算售价时,经常把内扣毛利率换成外加毛利率,以便于财务管理。其换算公式如下:

$$成本毛利率 = \frac{销售毛利率}{1-销售毛利率} \times 100\%$$

$$销售毛利率 = \frac{成本毛利率}{1+成本毛利率} \times 100\%$$

[例1]某饭店供应的三丁包子,成本毛利率为76%,问销售毛利率是多少?
解:根据计算公式

$$销售毛利率 = \frac{成本毛利率}{1+成本毛利率} \times 100\%$$

$$= \frac{76\%}{1+76\%} \times 100\% = 43.2\%$$

答:销售毛利率是43.2%。

[例2]某酒楼的千层糕,其销售毛利率为38%,问成本毛利率是多少?
解:根据计算公式

$$成本毛利率 = \frac{销售毛利率}{1-销售毛利率} \times 100\%$$

$$= \frac{38\%}{1-38\%} \times 100\% = 61.3\%$$

答:成本毛利率是61.3%。

[例3]富华大酒店推出喜庆宴席,定价为688.00元/席(10人/席),菜单如下:
精美四小碟　　　　　　尖椒爆猪肚
白果竹荪炖老鸭　　　　冬笋炒腊味
风味贵妃鸡　　　　　　清蒸鲈鱼
潮式烧卤拼　　　　　　蒜蓉炒时蔬
双味海虾　　　　　　　流沙包

金沙焗蟹　　　　　　　紫玉酥
铁锅香猪　　　　　　　水果拼盘
荔芋扣肉

问该宴席销售毛利率是多少？成本毛利率是多少？

解：(1)列出该宴席所耗原料成本

原料品名	重量(千克)	单价(元/千克)	金额(元)
光鸭	1.5	24.00	36.00
牛肚	1.2	18.00	21.60
牛肉	0.8	24.00	19.20
光鸡	1.3	32.00	41.60
海虾	0.6	36.00	21.60
青蟹	0.8	54.00	43.20
带皮香猪肉	0.7	36.00	25.20
带皮五花肉	0.6	18.00	10.80
猪肚	0.5	24.00	12.00
鲈鱼	0.9	38.00	34.20
腊肉	0.3	36.00	10.80
成品叉烧	0.3	36.00	10.80
荔浦芋	0.7	4.00	2.80
咸蛋	8(个)	1.00(元/个)	8.00
带壳冬笋	0.8	12.00	9.60
白果	0.1	28.00	2.80
竹荪	0.05	120.00	6.00
时蔬	0.75	2.40	1.80

续表

原料品名	重量(千克)	单价(元/千克)	金额(元)
面粉	1	3.60	3.60
猪油	0.3	18.00	5.40
白糖	0.2	5.50	1.10
莲蓉	0.3	16.00	4.80
青椒、姜、葱	—	—	6.00(约)
调味料	—	—	16.00(约)
烹调油	1.2(约)	16.00	19.20
时令水果	2	6.00	12.00
合计	—	—	386.10

(2) 计算宴席的毛利额

宴席的毛利额 = 688.00 - 386.10 = 301.90(元)

(3) 根据公式计算销售毛利率

$$销售毛利率 = \frac{毛利}{售价} \times 100\%$$

$$= \frac{301.90}{688.00} \times 100\%$$

$$= 43.9\%$$

(4) 根据公式计算成本毛利率

$$成本毛利率 = \frac{销售毛利率}{1-销售毛利率} \times 100\%$$

$$= \frac{43.9\%}{1-43.9\%} \times 100\%$$

$$= 78.3\%$$

答：该宴席销售毛利率是43.9%；成本毛利率是78.3%。

为了便于计算销售价格，现附毛利率换算对照表，具体如表4-2所示。

表 4-2　毛利率换算对照表

内扣毛利率%	外加毛利率%	内扣毛利率%	外加毛利率%	内扣毛利率%	外加毛利率%
21	26.6	31	44.9	41	69.5
22	28.2	32	47.1	42	72.4
23	29.9	33	49.3	43	75.4
24	31.46	34	51.5	44	78.6
25	33.3	35	53.9	45	81.8
26	35.1	36	56.3	46	85.2
27	37	37	58.7	47	88.7
28	38.9	38	61.3	48	92.3
29	40.9	39	63.9	49	96.1
30	42.9	40	66.7	50	100.0

第五节　餐饮业产品价格的调整

制定完餐饮业产品价格以后,还应随着社会劳动生产力的发展和市场供求关系的变化,根据餐饮价格具有复杂性、灵活性、时令性、季节性等特点,对价格进行必要的调整。

餐饮价格的调整直接关系到国家、企业和消费者的利益,是一件十分细致而复杂的工作,因此必须采取正确的步骤和方法。

餐饮价格的调整工作通常要经历三个步骤:一是看准时机。即要有一定的预见性,也就是在调价时机成熟时,及时做出调价的决策。二是分析实力。其主要包括分析企业的生产、经营服务接待能力以及管理水平、产品质量、企业声誉等。只有将市场需求变化与本企业的实际情况结合起来,价格调整才具有坚实的基础。三是制订调价方案。在看准时机、分析实力的基础上,是否调价,怎样调价,还必须以国家经济政策为依据,制订具体的调价方案,呈报物价部门和餐饮业行政主管部门审定备案。

在具体的调价方法上,应根据影响餐饮产品价格调整的各种因素进行,但主要有以下几种方法。

1.综合比例法

这种方法一般适用于餐饮业的政策性调价。在国家经济政策、物价政策发生变动时往往采用这种方法。因此，这种价格调整具有一定的综合性、普遍性。这种方法是以原定价格为基数，由物价部门和餐饮业行政主管部门提出调价的幅度，企业按要求进行价格调整。其计算公式为：

$$新调价格 = 原定价格 + 原定价格 \times 调价百分比$$

[例]某酒店自助餐标准为28.00元/位，因受市场原材料价格上涨等因素的影响，企业经过核算，决定将价格上调12%，问新调价格应是多少？

解：根据公式

$$新调价格 = 28.00 + 28.00 \times 12\%$$
$$= 31.36(元)$$

答：新调价格应为31.00元/位。

2.成本比例法

这是适用于原材料成本上升，需要调整价格的一种方法。一般是根据市场农副产品价格和主要消费品比价变动情况，分析成本提高幅度，在国家物价政策许可范围内进行调价，其计算公式为：

$$新调价格 = \frac{原产品成本 + 新增成本}{1 - 销售毛利率}$$

[例]某饭店椒盐排骨原定价格为22.00元/份，原料成本为12.00元。因市场原材料价格上涨的因素，每份原料成本为14.40元，要达到原销售毛利率指标，应将价格上调到多少？

解：(1)计算原产品销售毛利额 = 22.00 - 12.00 = 10.00(元)

(2)原产品销售毛利率 = $\frac{毛利}{售价} \times 100\%$

$$= \frac{10.00}{22.00} \times 100\% = 45.5\%$$

(3)根据公式

$$新调价格 = \frac{14.40}{1 - 45.5\%} = 26.42(元)$$

(4)分析：菜单的价格应是整数，定价是26.00元还是27.00元，可根据饭店的销售情况及分类毛利率指标综合考虑确定。

答：应将价格上调到26.00元或27.00元。

3．统计分析法

这种方法一般是在市场供求关系发生变化，如季节变化、时令变化等，需要调整部分餐饮价格时运用的一种方法。其方法是由主管人员召集服务销售人员开会，分析市场状况和顾客反馈，找出那些价格偏低，供不应求或价格过高，无人问津的部分产品或服务项目，分析具体原因，让大家充分发表意见，然后确定需要调价的品种或项目，确定调价幅度，进行价格调整。销售人员提出的意见和建议要有根据，最好坚持收集资料，用数据说话，做到实事求是、客观准确。应及时做好各种信息记录，按时做好统计、分析。通过统计、分析，可以反映各菜肴的销售情况和趋势，了解各菜肴的受欢迎程度，以便于安排生产或适当调整价格。数据统计可分日报表、周报表和月报表等时段进行汇总、分析。目前电脑已进入企业各方面的业务管理，利用电脑进行对餐饮销售数据进行统计，使销售统计工作更加快捷、及时、准确。

以某餐厅为例，其产品销售记录卡和销售统计表见表4-3、表4-4。

表4-3 ××餐厅产品销售记录卡

菜肴类别：热菜

日期：2016.9.20		星期三	餐别：晚餐	天气：晴
菜肴名称	销售份数		小计	单价（元）
炒软兜长鱼	正正正正正正一		31	68.00
龙井虾仁	正正正正正正正		40	60.00
红烧狮子头	正正正正正下		28	45.00
花菇凤翅	正正正正正正一		36	45.00
椒盐焗排骨	正正正正下		23	48.00
葱油焗大虾	正正正正正正		30	88.00
总计			188	—
客人数	正正正正正正正正正正正正正正正正正正正正正一		126	—

记录人：

表 4-4　××餐厅产品每周销售统计表

菜肴类别：热菜

2016.9.18—9.24	销售份数							
星期	一	二	三	四	五	六	日	总计
炒软兜长鱼	25	28	31	25	28	38	32	207
龙井虾仁	36	37	40	41	49	51	47	301
红烧狮子头	24	19	28	22	27	31	24	175
花菇凤翅	27	32	36	31	35	39	23	223
椒盐焗排骨	22	25	23	18	29	31	21	169
葱油焗大虾	33	34	30	34	41	49	38	259
小计（份）	167	175	188	171	209	239	185	1334
客人数	122	131	146	134	155	167	141	996

记录人：　　　　　　　　　　　　　　　　　　　时间：

4. 喜爱程度法

餐饮产品品种繁多，顾客对各种产品的喜爱程度不同。餐饮企业可利用特色品种、特色风味、价廉物美的优势，吸引顾客前来就餐，使生意兴隆。餐饮企业要通过分析顾客对餐饮产品的喜爱程度，了解企业的生产经营情况和价格的合理与否，进行适度调价。喜爱程度法是以历史统计资料为依据，计算顾客对各种餐饮产品的喜爱程度。喜爱程度高，说明产品质量好、价格合理。如果喜爱程度很高，而且总是供不应求，就可以适当提高价格；反之，则应适当降低价格。喜爱程度计算公式为：

$$喜爱程度 = \frac{某种产品的销售总份数}{用餐顾客总数} \times 100\%$$

以表 4-4 中的数据比较龙井虾仁和椒盐焗排骨在一周内的顾客喜爱程度：

$$龙井虾仁的喜爱度 = \frac{301}{996} \times 100\% = 30.22\%$$

$$椒盐焗排骨的喜爱度 = \frac{169}{996} \times 100\% = 16.97\%$$

本章小结

本章介绍了餐饮产品价格的构成,餐饮产品的价格是由产品成本、生产经营费用、营业税和利润构成的,而在计算餐饮产品价格时是以产品的成本和毛利计算的。要了解毛利与利润、毛利率与利润率的关系,毛利率是确定和计算餐饮产品价格基本因素,可分为成本毛利率和销售毛利率两种形式,同类的单个产品毛利率构成分类毛利率,分类毛利率是构成综合毛利率的基础,而综合毛利率反映企业的经营效果。我们要切实理解成本毛利率和销售毛利率的含义,正确核算餐饮产品的价格,确保整个餐饮企业的综合毛利率指标完成。

阅读材料

餐饮业作为我国第三产业中一个传统服务性行业,始终保持着旺盛的增长势头,取得了突飞猛进的发展,展现出繁荣兴旺的新局面。目前全国已有餐饮网点400万个。与此同时,我国餐饮业发展的质量和内涵也发生了重大变化,超大规模企业开始涌现,有11家企业的营业额超过10亿元,有34家企业的营业额超过5亿元,其中前十强的营业额达到336.76亿元,同比增长18.4%,占百强营业额总量的近五成,达到49.34%。2011年中国餐饮业收入达到20 635亿元,同比增长16.9%,占社会消费品零售总额的比重为11.2%。产业规模首次突破2万亿元大关,这距离2006年突破1万亿元营业额仅用了5年时间,年均增长2000亿元以上。

(资料来源:2013年中国餐饮业分析与发展趋势预测报告.中国行业研究网,http://Chinaim.com.)

思考与练习

(一)理解思考

1.餐饮产品的销售价格由哪几部分构成?毛利和纯利有何区别?

2.什么是分类毛利率?什么是综合毛利率?它们对餐饮企业的经营管理有何意义?

3.什么是成本毛利率?写出它的计算公式。

4.什么是销售毛利率？写出它的计算公式。

5.毛利率与产品价格有何关系？毛利率是如何确定的？

6.计算餐饮产品价格有哪两种方法？各有什么优点？

7.产品的价格调整可采用哪几种方法？

(二)实用练习

1.桂花饭店一盘白切鸡售价为 60.00 元,如该饭店确定销售毛利率为 42%,问该菜肴的成本应是多少？

2.现用猪瘦肉 12 千克(单价 24.00 元/千克),经加工成叉烧,损耗率为 30%；耗用调味品约 12.00 元。如叉烧的售价是 60.00 元/千克,问销售毛利率是多少？

3.现制作爆腰花一盘,用净猪腰 150 克(鲜猪腰进价每千克 42.00 元,净料率 75%),耗用配料 1.20 元,调味料 1.80 元。如按 48% 销售毛利率,问该菜肴的售价应是多少？

4.某酒店酒席标准是 880.00 元/桌,如该酒店酒席确定销售毛利率为 42%,问该酒席的成本应是多少？销售毛利额是多少？

5.某饼屋制作蛋糕,耗用鸡蛋 8 千克(单价 11.40 元/千克),白砂糖 4 千克(单价 7.20 元/千克),面粉 4 千克(单价 5.60 元/千克),玉米油 0.6 千克(单价 18.00 元/千克),蛋糕改良剂约 4.00 元,制得产品 80 件。如销售毛利率为 42%,问每件产品的售价应为多少？

6.某饼屋月初库存原料额 3260.00 元,本月购进原料共 18 400.00 元,月末库存原料额 2360.00 元,本月营业额为 32 640.00 元,求该饼屋的成本率是多少？销售毛利率是多少？

7.某厨房某日的菜点销售额为 12 600.00 元,当日耗用原料成本是 6840.00 元,饭店主管部门规定该厨房的菜点销售毛利率为 48%,试求实际销售毛利率为多少？实际毛利率与毛利率指标的误差为多少？

8.某面点的成本率是 55%,该面点的销售毛利率和成本毛利率分别是多少？

9.文华大酒店一份苹果派的成本为 11.80 元,其销售价格为 35.00 元,问苹果派的成本毛利率是多少？销售毛利率是多少？

10.某饭店接到会议订餐,标准是 70.00 元/人·天,试按 45% 销售毛利率计算每人一天的伙食成本。

第 5 章

成本控制

学习目标

- 理解并掌握餐饮业利润的构成与核算
- 学会餐饮业利润率的确定和目标管理
- 了解如何做好成本管理的基础工作
- 掌握如何加强餐饮产品成本控制
- 理解餐饮产品成本控制的程序
- 了解成本控制中要注意的问题
- 理解如何降低经营管理费用,提高经济效益

第一节 餐饮业利润与利润率

一、餐饮业利润的核算

餐饮利润是餐饮企业经营的最终成果,是检验企业经营状况,反映经营成果和盈利能力的综合指标。利润核算是否正确,将涉及国家、企业和个人三者的利益,因此必须正确核算利润。利润的核算一般以一个月、一个季度、会计年度(一年)为计算期。

1.利润的计算

餐饮企业的利润由以下四个层次构成。

(1)营业毛利。

$$营业毛利 = 营业收入 - 营业成本$$

(2)营业利润。

$$营业利润 = 营业毛利 - 管理费用 - 营业费用 - 财务费用 - 营业税金及附加$$

(3) 利润总额。

$$利润总额 = 经营利润 + 投资收益 + 营业外收入 - 营业外支出$$

(4) 净利润。

$$净利润 = 利润总额 - 所得税（一般的所得税率为计税所得额的 25\%）$$

说明：

①营业收入包括菜点收入和酒水收入，营业成本包括菜点成本和酒水成本。

②营业税金及附加。在"营改增"以前，餐饮企业中属于营业税应税服务的，营业税率为 5%，应交的营业税通过"营业税金及附加"科目核算的。实行"营改增"后，餐饮业一般纳税人的增值税税率为 6%，而小规模纳税人适用的综合征收率为 3%，二者实际缴纳的增值税是通过"应交税费"科目核算而不通过"营业税金及附加"科目核算。餐饮企业的"营业税金及附加"一般包括城市维护建设税和教育费附加，计算公式如下：

应纳城市维护建设税税额＝应纳增值税×地区适用税率。地区适用税率为按纳税人所在地属于城市市区 7%，县城（含建制镇）5%，不属于市区、县城的按 1% 计算。

应纳教育费附加＝应纳增值税×适用税率 3%。

③常用的相对数计算公式：

$$毛利率 = \frac{毛利}{营业收入} \times 100\%$$

$$成本率 = \frac{营业成本}{营业收入} \times 100\%$$

$$费用率 = \frac{管理费用 + 营业费用 + 财务费用}{营业收入} \times 100\%$$

$$利润率 = \frac{利润总额}{营业收入} \times 100\%$$

[例] 某饭店为小规模纳税人，其餐厅 8 月份的经营情况如下：营业收入 600 000.00 元，营业成本 324 000.00 元，营业费用 110 000.00 元，管理费用 35 000.00 元，财务费用 15 000.00 元，营业税金及附加 1800.00 元，营业外收入 8 900.00 元，营业外支出 2 800.00 元，求该餐厅 8 月份的毛利率、利润总额和利润率。

解：8 月份该餐厅的毛利＝600 000.00－324 000.00＝276 000.00（元）

$$毛利率 = \frac{276\ 000.00}{600\ 000.00} \times 100\% = 46\%$$

营业利润＝276 000.00－110 000.00－35 000.00－15 000.00－1800.00
＝114 200.00（元）

利润总额＝114 200.00+8900.00-2800.00=120 300.00(元)

$$利润率 = \frac{120\ 300.00}{600\ 000.00} \times 100\% = 20.05\%$$

答：8月份该餐厅的毛利率46%，利润总额为120 300.00元，利润率为20.05%。

2.利润表

根据上例制成利润表，如表5-1所示。

表5-1 利润表

填表单位：　　　　　　　　年　月　日至　年　月　日　（会服02表）

项目	行号	本月数	本年累计数(略)
营业收入	1	600 000.00	
其中:食品销售额		450 000.00	
饮料销售额		150 000.00	
减:产品销售成本	2	324 000.00	
其中:食品销售成本		225 000.00	
饮料销售成本		99 000.00	
减:营业税金及附加	3	1800.00	
减:费用	4	160 000.00	
其中:人工成本		45 000.00	
水电费		15 000.00	
燃料		10 000.00	
低值易耗品		20 000.00	
物料用品		5000.00	
折旧费		55 000.00	
其他费用		10 000.00	
营业利润	5	114 200.00	
加:营业外收入	6	8900.00	
减:营业外支出	7	2800.00	

续表

项目	行号	本月数	本年累计数（略）
利润总额	15	120 300.00	
减：所得税	16	30 075.00	
净利润	17	90 225.00	

二、餐饮业利润率的确定和目标管理

（一）餐饮业利润率的确定

1. 餐饮业营业额的确定

构成餐厅营业额大小的因素主要是餐位数量、餐位周转率和人均消费水平。

（1）对目标市场进行调研，包括对目标市场地理环境、行业环境和社会环境进行调查分析。目标市场经济指标主要有：企业所在市场当年的国内生产总值以及历年的数据；该市场的投资状况；对餐饮市场影响较大的旅游方面的数据，特别是一年来接待的游客数量，以及游客数量的发展趋势；还包括调查全市人口统计数量，其中含非农业人口及农业人口数量，用来预测餐厅的客流量的大小及该地居民的消费水平和消费能力；消费者受教育程度；消费者生活方式、餐饮偏好习惯；消费者人均收入等。把当地城镇居民人均可支配收入、全市职工平均工资、可用于餐饮学费的收入比重，作为餐厅定价的参考依据。

（2）对市场进行分析，掌握经济指标：包括当地餐饮企业经营状况、实力排列；所有制形式及所占的比重；营业网点数量；从业人员数量；分析所选市场的餐饮业经营现状，包括企业数量与竞争能力、经营管理水平高低、经营档次高低等。

（3）对竞争对手进行分析。包括竞争对手的现状、竞争优势及其经营状况。如营业额、营业利润、就餐人数、订餐数等以及经营规模，如竞争对手店面的面积、可容纳客人数量、厅内面积分布等。

（4）对消费者进行分析。包括该市场消费者餐饮习惯、口味喜好、选择餐饮偏好等；该市场消费者的消费特点，包括消费者的消费意识，是否喜欢到餐厅就餐，个人或家庭的消费比例如何，消费水平的高低；目标市场消费者属于政府、军队、企业、家庭消费、游客中的哪一类。

通过调查研究和综合分析，在收集同规模、同档次、同行业经营数据的基础上，预测企业的年营业额。按以下公式计算：

全年营业额＝全年天数×每天开餐数×座位数×座位周转率×人均消费额

[例]某餐厅共有餐位数200个,餐位周转率为150%,人均消费30.00元/人,全年营业天数350天,每天经营午餐和晚餐。试预测该餐厅全年的餐饮营业额是多少?

解:全年营业额=全年天数×每天开餐数×座位数×座位周转率×人均消费额
　　　　　　　=350×2×200×1.5×30.00
　　　　　　　=6 300 000.00(元)

答:预测该餐厅全年的餐饮营业额是6 300 000.00元。

2.利润额的确定

　　　　餐饮利润=营业额-成本-费用-税金
　　　　　　　　=毛利-费用-税金
　　　　　　　　=营业额×(毛利率-税率-费用率)
　　　　　　　　=营业额×(1-成本率-税率-费用率)

3.利润率的确定

$$餐饮利润率=\frac{计划期利润总额}{营业收入}\times 100\%$$

$$=毛利率-税率-费用率$$

(二)餐饮业利润的目标管理

1.预算法

随着餐饮业市场竞争日趋激烈,餐饮业主或是餐饮企业的管理者最为关注的,往往是企业的营业收入和营业利润这两项主要经营指标。制定和实施完善的目标利润预算是企业财务管理的一项重要工作,也是企业实施目标管理的前提条件。随着电脑应用技术的发展,Office-Excel 被广泛地应用于财务管理工作和财务数据处理。如果我们以企业的目标利润值为条件,通过建立合理的数学模型,运用电脑可以快速、准确地完成企业的目标利润经营预算。

餐厅承担着的营业和获取利润的主要责任,构成了企业的利润中心。餐厅经营并产生部门利润后,需减去企业的"不分配费用"和"非经营费用",才能最终得到企业的营业利润。一般来说,企业的不分配费用包括行政管理费、市场推广费、维修费及能源消耗的诸项人工费用及开支;企业的非经营费用包括折旧费、借款利息、土地使用费、长期待摊费用、汇兑损失、房产税、财产保险费等。由于不分配费用和非经营费用都不再分配到各经营部门,便成为直接冲减所有部门利润的、需由所有经营部门共同承担的具有公共性质的费用。而这些费用往往又是餐饮企业总成本中很大的一部分。

在制定目标利润预算时,如何将企业的不分配费用和非经营费用,以及饭店的目标利润值合理地分配给利润中心的各经营部门(餐厅),使得营业指标预算合理,使得各餐厅的管理者在做出同样的努力时,可以获得比较公平的考核结果,往往是企业高层管理人员首先面临的一个难题,管理者为此做出多种尝试而仍无法使各经营部门在分配这些巨大的开支中保持合理。对于目标利润预算中的不分配费用和"非经营费用"(包括目标利润),应该立足于经营的角度来考虑和确定其分配方法,应该充分考虑到各经营部门的经营特点。该特点的主要表现为:

(1)各餐厅的经营能力取决于各餐厅的收入在企业总收入中所占的比重,即销售结构。

(2)各餐厅的获利能力取决于各餐厅所创造的部门利润占其收入的比例,即部门利润率。为此在管理中可采用如下方法:

①确定预算期企业的销售结构,即在所有营业收入中,各餐厅应达到的销售比重。

②确定餐厅应达到的利润率,即根据企业以往历史数据和本期的预算期望给予确定。

根据以上资料,以某餐饮企业预算期公共费用(指不分配费用和非经营费用)共250.00万元、目标利润200.00万元为例,按以下计算模式,列表分配(见表5-2)。

表5-2 某餐饮企业目标利润分配方案

部门	销售结构(%)	部门利润率(%)	综合系数(%)	分配率(%)	公共费用分配额(万元)	目标利润分配额(万元)
餐厅一	55	25	13.75	60.44	151.10	120.88
餐厅二	45	20	9	39.56	98.90	79.12
合计	100	—	22.75	100	250.00	200.00

根据保本(保利)销售额计算公式:

$$保本(保利)销售额 = \frac{固定成本 + 利润}{变动成本率}$$

在把各餐厅的费用和企业公共费用逐一区分出固定费用和变动费用之后,各餐厅的保本(保利)销售额计算公式可以演变成:

部门保本(保利)销售额=(部门固定费用+公共费用中的固定费用分配额+目标利润分配额)÷[1-(部门变动费用率+公共费用中的变动费用率)]

餐厅固定费用一般包括工资及福利、办公、邮电、差旅费及各类摊销等；部门变动费用一般包括服务用品、厨房燃料等；对于一些如清洁费、制服洗涤之类的混合费用，应该运用混合费用的划分方法加以区分，对其中属于固定支出的部分列入固定费用，属于变动支出的部分应加计到部门变动费用率之中。根据上例，我们虚拟了该餐饮企业各餐厅的固定费用额和变动费用率，在目标利润预算为200.00万元，公共费用中的固定费用为250.00万元、变动费用率为4%时，编制该企业预算期目标利润销售额计算表(见表5-3)。

表5-3 销售额计算表

单位：万元

	项目	企业合计	一餐厅	二餐厅
固定成本	部门固定费用	110	65	45
	公共费用中固定费用配额	250	151.1	98.9
	目标利润配额	200	120.88	79.12
	合　　计	560	336.98	223.02
变动费用率	税及有关费率	—	0.3%	0.3%
	营业成本率	—	45%	40%
	营业费用率	—	10%	10%
	公共费用中的变动费用率	—	4%	4%
	合　　计	—	59.3%	54.3%
预算营业额		1499.91	949.24	550.67

根据以上计算，该企业为确保预算期目标利润为200.00万元时，销售额须做到1502.7万元。其中：一餐厅951.5万元，二餐厅551.2万元。依据以上数据，通过试算证明其正确性(见表5-4)。

表 5-4 目标利润计算表

单位：万元

项目	企业合计	一餐厅	二餐厅
营业收入	1499.91	949.24	550.67
减：营业税金	4.50	2.85	1.65
营业成本	647.43	427.16	220.27
固定费用	110.00	65.00	45.00
变动费用	149.99	94.92	55.07
部门利润	587.99	359.31	228.68
减：公共费用（固）	250.00	151.10	98.90
公共费用（变）	60.00	37.97	22.03
营业利润	277.99	170.24	107.75

在试算正确以后，便可着手按部门逐一地将以上各项指标进行细化、分解，结合当地市场的特点，编制出一套符合以上管理目标的以时间为坐标的年度经营预算。须注意的是，经营预算的项目应尽可能与饭店的财务报表口径一致，以利于预算控制下的检查、监督和对比分析。

采用以上方法，为计算机自动化处理饭店目标利润预算提供了数学模型，Excel 软件的熟练运用可以使我们在更改、修订利润目标值后，即时得到数据响应，并快速编制出多种可供管理者选择的预算方案。

2.运用量本利之间的关系规划利润

餐饮部门在经营和为客人提供服务的过程中，既要耗费一定的生产资料（物化劳动），又要耗费一定的劳动时间（活劳动），还要耗费其他的一些消耗。在财务核算中，上述消耗统称为成本费用。根据现有的财务管理制度，又将成本费用具体分为营业成本、营业费用、管理费用、财务费用。根据经营管理的需要，在实际工作中往往根据成本费用的性质，将成本费用划分为固定费用、变动费用两类。

利润＝销售收入－总成本

其中：总成本＝变动成本＋固定成本

＝单位变动成本×产量＋固定成本

假设产量和销量相同，则有：

利润＝单价×销量－单位变动成本×销量－固定成本

在规划期间利润时,通常把单价、单位变动成本和固定成本视为稳定的常量,只有销量和利润两个自由变量,给定销量时,可利用方程式直接计算出预期利润;给定目标利润时,可直接计算出应达到的销售量。

[例1]某餐厅的每月固定成本1000.00元,生产一种菜点,单价30.00元,单位变动成本18.00元,本月计划销售500件。问预期利润是多少?

解:预期利润＝单价×销量－单位变动成本×销量－固定成本
　　　　　　＝30.00×500－18.00×500－1000.00
　　　　　　＝5000.00(元)

答:预期利润是5000.00元。

[例2]上述餐厅如想保本,销量至少为多少件?

解:保本销售量 $= \dfrac{\text{固定成本}}{\text{单价} - \text{单位变动成本}}$

$= \dfrac{1000.00}{30.00 - 18.00}$

＝83.3(件)

答:销量至少为84件。

第二节　餐饮业成本控制

餐饮成本控制是一项复杂的工作,企业应根据具体情况采取相应的控制策略和控制措施。餐饮成本控制主要有前馈控制、过程控制和反馈控制三类。

前馈控制是指通过预测成本确定成本标准,编制成本预算,作为过程控制的依据和考核评价的标准。过程控制是在生产经营活动过程中,按照标准和预算的要求,在成本形成的当时采取纠正成本偏差的措施。反馈控制是在成本发生之后,记录实际成本,并将它同预算成本或标准成本相比较,分析成本差异的方向、数量和产生的原因,并据此调整生产经营活动或修订标准和预算。

成本控制是建立在做好成本管理的基础工作之上的。

一、做好成本管理的基础工作

成本管理的基础工作是成本管理工作能否见成效的重要环节。有些企业成本管理效果不佳,成本总是降不下来,其原因之一就是基础工作薄弱,管理方法陈旧,管理手段落后,不能适应管理工作的要求。做好成本管理的基础工作,主要从以下几方面着手:

1.建立健全成本管理的原始记录

原始记录是正确计算费用、成本、考核的依据。因此,原始记录必须全面、完整、准确、及时,否则成本管理的考核、分析就会失去意义。原始记录是直接反映餐饮企业生产经营活动的最初记录资料,如各种原料的领用记录、工时耗用记录、考勤记录、费用开支记录等。以上这些原始记录是正确计算费用、成本,考核经济责任的依据。原始记录要符合生产经营的需要,要加强对原始凭证,尤其是发货票(见表5-5)、支票收据的管理,保证成本核算信息源头的真实、合法。做好原始记录工作,是餐饮企业成本管理的一个重要方面。

表5-5 发货票

购货单位:　　　　　　年　月　日　　　　　　NO.0268630

品名	规格	单位	数量	单价	合计	备注
合计						

人民币(大写)

填票:　　　复核:　　　收款　　　企业(盖章有效)

2.建立健全成本管理的物资收发、计量、验收和盘点制度

物资管理混乱、成本不实的重要原因主要是缺乏物资管理制度,或物资管理制度不健全。物资管理制度就是对一切物资的收发都要进行计量、验收,办理必要的手续。有消耗定额的,应按消耗定额发料;没有消耗定额的,应按预算和计划的合理需要量发料,防止乱领乱用,造成积压浪费。应定期对库存物资进行盘点,防止质变和呆滞积压,从而降低成本中的材料费用。

3.建立健全钱、财、物的管理制度

根据企业自身的实际情况,建立健全钱、财、物的管理制度,如成本计划、原料采购成本、消耗定额、收发料手续、费用开支标准、计量、计价等制度,从根本上杜绝不讲成本、不计盈亏、采购无计划、用料无定额等无章可循的现象发生。

4.培养勤俭节约的企业文化

管理人员应带头厉行勤俭节约,只有每一位员工都自觉节约每一滴水、每一度电,企业才能真正地做到全员成本控制。管理人员要经常对控制情况进行例行检查和突击检查,原料进货质量、厨房边角料的利用、餐饮产品饮料的保质期、灯光空调的开关情况都是重点检查对象。

5.做好成本控制分析工作

定期对成本控制效果进行总结和分析,找出不足,改良成本控制体系,提高成本控制水平。

6.采取先进的成本管理方法

当管理方法落后,不能充分发挥管理工作的作用时,应创造条件,积极采用一些先进的科学管理方法。一是实行目标成本管理。企业应根据具体情况,通过调查研究,制定出先进合理的标准成本作为企业的目标成本。目标成本确定后,再逐级分解,下达到责任单位、责任者,认真落实并加强监督,定期检查目标成本的执行情况。目标成本管理有利于企业之间成本比较,发现自己管理工作的薄弱环节;也有利于企业开展成本预测、决策、分析和比较。二是逐步形成科学的成本管理体系。有些企业只注意生产过程中的成本管理,忽视供应过程和销售过程的成本管理,特别是事前成本管理薄弱,因而必须采用成本预测、成本决策、成本计划、成本控制、成本分析和考核的科学、系统的方法体系,使成本预测能及时、准确地为成本决策提供所需要的数据;成本决策为成本计划提供科学的依据,成本核算提供的资料能够更好地为成本预测、成本决策、成本控制服务。

二、构建餐饮成本控制体系

餐饮成本控制体系的构建是一项非常复杂的设计工作,要构建一个科学合理、高效灵活的餐饮成本控制体系,就必须遵循科学的构建程序,一般应按以下步骤进行。

(一)确定标准

餐饮管理人员要先确定各种标准如质量标准、数量标准、成本标准、标准化程序等,用以规定今后一段时间内应获得的营业额和成本费用降低额。可按以下方法制定标准:

1.按同行业的平均数制定

例如,目前市场上中档餐厅的餐饮产品原料成本率为55%,利润率为12%,那么本企业的餐饮产品原料成本率和利润率的标准可分别制定为55%和12%。

2.按历史水平结合现有水平制定

例如,某餐厅2016年一季度的1—3月实际费用率分别为28%、27%、29%,那么费用率可定在28%，但是考虑餐厅采取了费用控制措施，改进了营销策略，费用额会减少，销售额可能会扩大，因此，该餐厅的费用率标准应适当降低，可定为26%。

3. 按预算水平作为本期的销售额和成本率指标

新开张企业都要对某个时期的销售额和各项成本费用指标进行预算。如果近期没有制定各项标准的话，可用营业预算的标准作为成本控制标准，以后再作调整。

例如，2015年的预算中，其中一季度销售额为90万元，成本费用率为88%，则成本费用指标为79.2万元。2015年一季度实际销售额为100万元，实际成本费用额85万元，则成本费用率为85%，那么2016年第三季度的销售额和成本费用率的标准应相应调整为100万元以上和85%以下的水平。

4. 按实际测试制定企业内部标准

测试一个中等水平的餐厅服务员可为多少顾客服务，以确定餐厅服务员的人数及服务人员的人工成本标准。

[例] 某餐厅的每位服务员可同时为20名顾客服务，每餐可接待的顾客人数为300名，餐厅服务员人均工资1500元，则该餐厅需要服务人数为300÷20＝15人，每月服务员的工资为1500×15＝22 500元，以此确定该餐厅的服务人员的月工资成本标准为22 500元。

此外，餐饮企业的管理人员还需确定其他具体标准，用于评估实际工作成果是否符合企业的目标，具体包括：

(1) 质量标准。包括原料、产品和工作质量标准。

(2) 数量标准。包括重量、数量和分量等计量标准。例如，管理人员必须确定每份菜肴的分量、工时数、产量及每份饮料的容量等数量标准。

(3) 成本标准。管理人员可通过测试确定标准成本。例如，经测试，某菜肴每份耗用的主料标准为0.25千克，主料的成本每千克为30.00元，耗用配料标准为0.4千克，配料的成本每千克为5.00元，调料少许1.00元，因此，该菜肴每份标准成本为10.50元。

(4) 标准程序。即生产经营服务中应采用的工作方法、步骤和技巧。如为制作菜肴、销售服务等环节制定标准程序。

管理人员制定各项标准时，应注意标准要能精确地反映企业所期望的实际效果，标准既要定得够高，也应让员工通过努力能达到要求，普遍达到原定标准后，管理人员应制定更高的标准，促进员工进一步发挥主动性和创造性，同时要让员工了解管理人员对自己的评价。

（二）了解实际的经营成果

制定各项标准之后，企业必须制定一套能准确了解经营成果的程序，并由专人负责，以确保实际与标准之间形式、方法、依据一致，信息简明，便于收集。

（三）将实际水平与标准对比

收集实际经营成果信息后，管理人员应将实际经营成果和标准相比较，以便采取改进措施，解决存在的问题。

通常实际成本与标准成本之间存在一些差异是允许的，如成本上升幅度不大，管理人员可不采取任何改进措施。

（四）采取改进措施

通过对实际成本与标准成本的比较，如果发现成本上升幅度异常，管理人员应及时分析差异产生的原因，以便采取必要的措施加以改进。如餐饮产品成本过高，管理人员必须找出原因，修改有关工作程序。多数情况下，产生差异的原因是隐性的，管理人员需深入调查研究和分析，才能查明原因。

（五）评估成本控制的效果

评估反馈是成本控制程序中的最后一个环节，也是常常被忽略的环节。采取改进措施后，应尽快进行评估，不能等到有时间和有精力的时候才开始评估这项工作，评估要做到客观和公正。如果所有指标都达到了预定目标，说明成本控制效果良好；如果只有部分指标达到目标，而绝大多数指标没有实现目标，就要分析原因，看是否是因为成本控制指标定得太高，无法实现，还是有别的什么原因。在将本企业的成本指标与同行业先进企业成本指标进行比较时，通过指标差距，就能评估成本控制效果的差异。如指标都很接近，则说明成本控制的水平相当，效果良好；而如果指标差距较大，则说明企业成本控制效果不佳，需要不断努力，加强和改进成本控制工作，以实现对成本的有效控制。

三、餐饮原料采购成本的控制

餐饮成本控制的第一步是控制采购环节。采购环节的控制不仅仅是以最低价格进行采购，而是从总体上以最小的投入获得最大的产出。餐饮企业的采购工作是成本控制的重要环节，餐饮企业管理人员不仅要熟悉采购工作的业务，还应该掌握采购过程中降低采购成本的基本方法，以便在实际工作中，根据采购工作的具体情况，不断总结经验，创造出采购质量标准化、采购成本最低化、工作效率最高化的采购模式。对于一般餐饮企业来说，采购部门比较难以控制，采购环节成为成本控制主要漏洞之一,如不采取措施堵塞漏洞,将会增加采购成本。

控制餐饮原料采购成本,就是要采取切实可行的措施,加强采购环节成本控制,堵塞漏洞,降低采购成本,增加企业利润。

(一)餐饮原料采购成本控制原则

1.稳定原料质量原则

质量忽高忽低是餐饮经营的大忌。要保证餐饮产品的质量,采购高质量的原材料是第一关。

2.最佳时间和批量原则

使用部门和库房申购原料是有时间和数量要求的。采购部门必须保证按时按量采购供应,否则难以保证按时使用,造成库存增加和资金压力加大。

3.采购价格合理原则

购买的价格一定要合乎市价。一般来说,批量购买价格低;批量小、用货急、付款不及时价格就高。采购部门必须想方设法以最合理的价格采购原料。

4.提高采购效率原则

既要掌握规律,保证采购工作有条不紊地正常运转,又要能够及时应付临时采购的需要,以确保企业的正常生产经营,维护企业的利益和形象,提高企业的整体效益。

(二)制定科学合理的采购程序

餐饮采购工作程序就是通过设计科学合理的采购步骤,降低采购成本,增加企业效益。采购工作程序不仅包括采购部门内部的操作程序,还应包括采购部门与其他相关部门的沟通程序,既要尽量减少中间环节,又要保持各环节紧密联系和及时沟通,以节约采购时间和采购费用,避免因沟通不畅和不及时而导致采购原材料的损失浪费及由于原材料供应不及时而影响企业的正常经营,直接降低企业的利润和效益。因此,采购工作程序对餐饮成本控制具有不可忽视的作用。采购程序的基本内容包括采购申请、采购审批、订货与采买、收货、采购经费的报销等。

由此,原材料采购的运转程序为:递交请购单→审核请购单→确定供货商→实施采购→处理票据→支付货款→信息反馈。

采购申请考虑的最主要因素是申购部门以及申购批量。采购分大宗采购、即时采购和鲜活原材料采购。

大宗采购的工作程序为:递交请购单→部门经理审批→总经理审批→确定供货商→实施采购。

即时采购的工作程序为：提出采购申请→库房签字→部门经理审批→实施采购。

鲜活原材料采购程序为："头砧"下单→厨师长签字（审核质量和价格）→采购员采购。

（三）制定科学的采购标准

一般餐饮企业都有一定的采购标准，但大多是经验性、随意性强，不利于餐饮企业质量的稳定。因此，餐饮企业应该制定科学的、书面形式的、有固定格式的采购标准。这种标准不仅可以大大减少采购失误，而且即使有采购失误也能明确失误责任，便于查找原因、改善管理，最终从根本上杜绝采购成本的浪费。

采购标准的基本内容一般包括：

（1）编号、品名、类型；

（2）使用和入库时间要求；

（3）采购地点建议；

（4）质量、数量要求；

（5）最高限价及以往最低价格；

（6）填表人；

（7）使用部门。

制定采购标准是一项比较复杂的工作，如果没有现存的资料和经验，可以借鉴优秀企业的采购标准，或者参考有关政府或流通部门所颁布的质量标准，也可借用供应商的原料标准，编写一整套符合企业具体要求的采购标准。对于中小企业来说，可以将采购标准与采购单合而为一的形式制定采购标准。

上述除最高限价和以往最低价格由财务部和采购部分别填写外，其他各项由申购人填写。如不能填写采购地点，可由采购部填写。

（四）采购环节的控制

采购环节控制的主要目的是以最合理的价格购入最符合餐饮部门需要的餐饮原料。因此，餐饮成本采购环节的控制工作必须围绕这个目的来进行。

1. 采购申请单

为了有效地加强采购控制，餐饮企业必须实行集中采购制度。即厨房日常经营所需的鲜活原料，应由厨师长本人或指定专人填写采购申请单，提出采购申请；而厨师所需的所有仓储原料，则应由原料仓库保管员根据库存情况，并听取餐厅厨师长的建议后，填写采购申请单，提出采购申请。采购申请单一式三联。其中，送交采购部门两联，申购部门留存一联，以备复查（见表5-6）。

表5-6　采购申请单

申购部门_____　申购日期_____　用料日期_____　编号_____
申请人_____　申购部门经理_____　采购部门经理_____

原料编号	原料名称	原料规格	原料数量	订单编号	建议供货商
合计					

2. 采购订单

采购部门接到采购申请单后，应立即着手订购。对鲜活原料，通常需由专人将各厨房的采购申请单汇总，得到批准后，直接采购；对于库存原料，则要填写采购订单，将采购申请单一联附后，经逐层审批后，再实施采购。采购订单一式四联。其中，一联交供货商订货，一联交申购部门作为申购回复，一联交财务部验收员以交叉核对，一联采购部门自留，见表5-7。

表5-7　采购订单

编号：_____
申购部门_____　订货人_____　用料日期_____
订货日期_____　采购申请单编号_____　供货商_____

原料编号	原料名称	原料规格	原料数量	原料价格
合计				

3. 质量控制

通常，厨师总希望原材料质量高，但质量高的原材料往往会增加成本。因此，原材料质量并非越高越好。所以，质量控制的目标应是使采购的原材料的质量在符合餐厅厨房生产的预期要求，保证餐饮产品质量的前提下，合理选购。原材料的用途越符合生产使用的要求,原材料采购环节的质量控制就做得越好,预期的目标利润就越有可能实现。为了使采购的原材料质量能达到使用要求,保证最经济地使用各种原材料,必须对所需原材料制定明确的规格标准,制定原材料采购规格书并加以说明,作为申购、订购、供货和验收的依据,以预先确定原材料的质量要求,统一规格,保证质量,便于供货商供货和验收,减少差错和浪费,见表5-8。

表5-8　原材料采购规格书

申购部门_____　　　　　　　　　申购日期_____

原料编号	原料名称	原料规格	原料质量要求	备注

4.数量控制

餐饮原材料的数量关系到采购成本的高低、资金周转的速度和储存费用的多少,为了降低餐饮产品的成本,必须加强餐饮原材料的数量控制。

确定应采购数量的程序如下:

(1)确定正常使用量。鲜活原材料具有易腐的特性,不宜贮存,因而厨房应根据需要每日或隔日申购。如果企业每两天采购一次鲜活和易变质的餐饮原料,厨师长应根据标准菜单原材料标准用量和预计销售份数,确定每两天鲜活原料的使用量。根据下列公式,可计算出每种原材料的申购数量。

某种原材料的申购数量=某菜肴的预计销售份数×该菜肴的标准菜单中的原材料标准用量-厨房该原料的库存数量

(2)确定现有数量。对于容易变质的原料应每天进行实地盘存,对一般餐饮原料则只需通过实地观察估算存货量。

(3)计算正常使用量与库存数量之差,确定应采购数量。

(4)根据特殊宴会、节日或其他特殊情况调整正常使用量。

通常,餐饮企业每天或隔天都需要采购一些鲜活和容易变质的原料,包括海鲜、肉类、蔬菜等。每次采购数量可根据下列公式确定:

应采购数量=需使用数量-现有数量+期末需存量

[**例**]某餐饮企业现有库存牛肉罐头100听,平均日使用量为15听,规定的采购周期为20天,平均订货期4天,安全系数为50%。

从上述资料可知,该种罐头在采购周期20天内的使用量为15×20=300听,订货期4天内的使用量15×4=60听,安全存量60×50%=30听。由此,可以确定该企业牛肉罐头的最低库存量为订货期内60听+安全存量30听=90听,最高库存量应为采购周期内300听+订货期内60听=360听。

该企业现有库存100听,已接近最低库存量,为满足供应,应提出申购,最佳订购量为300−100+90=290听。

餐饮企业采购原料的数量应精确,而且数量确定的依据要准确。餐饮企业管理人员应将批量确定工作以制度的形式固定下来,让仓库工作人员和厨房负责人定期依据企业生产情况和制度要求,确定每批采购量和两次采购之间的时间。每批采购量存在一个经济订货量确定的问题。

经济订货量是指每次采购原料的最佳数量,即储存费用、订货费用和验收费用最低的订货批量。储存费包括货币费用(利息费用)和与仓储相关的费用,如存货保险费、人工费用等;订货费用包括电话费、差旅费、采购人员的工资、运杂费等;验收费用包括验收人员的工资、验收工具费用、验收场地费等。企业要降低这些成本费用,可使用经济订货量公式确定最适宜的订货量。

确定最佳采购批量需要考虑以下因素:

(1)菜肴销售数量。供应的菜肴数量增加,所需的餐饮原料数量也应随之增加。

(2)菜肴成本。菜肴成本是重点考虑的因素。如,某些菜肴的成本上升会引起售价提高,造成销售量下降。在这种情况下,管理人员应研究是否需要继续采购这些原料。如果管理人员预料某种餐饮原料将调高价格,就可能会增加购买量;反之,如果管理人员预期某种餐饮原料的价格将下跌,就可能会减少订购量。

(3)仓储容量。企业的存储场地可能会限制采购数量。

(4)安全存储量。保持安全存储量可能要求购入比实际需要量更多一些的餐饮原料,以防止发货中断、存货突降等问题发生。

(5)现有存储量。如果目前存储的数量增加,采购数量可减少。

(6)供货单位的最低送货量。供应单位可能会规定送货的最低金额或最小重量。

(7)餐饮原料包装方式。有些供应单位不肯拆箱零售原料。因此,餐饮原料的包装单位也会影响采购数量。

经济订货量计算公式:

经济订货量＝每次订货和验收的固定费用÷(单位购价×储存成本率)

储存成本率即储存成本占存货价值的百分比。

[例]某饭店欲购买海鱼一批,其中每次订货费用和验收费用为220元,储存成本率为10%,单价40.00元/千克,该饭店经济订货量是多少?

解:经济订货量＝220.00÷(40.00×10%)＝55(千克)

答:该饭店经济订货量为55千克。

5.价格控制

在加强采购质量、数量控制的同时,采购环节控制中最关键也最困难的是实施价格的控制。采购部门应以最合理的价格,购入最符合经营需要的原材料。原材料的价格最易受市场供应、供货渠道、供货商竞争、供货季节和采购数量等因素的影响,波动较大,控制难度较大。

控制采购价格的主要手段有两个:一个是掌握市场价格行情;另一个是采购方式的选择。

餐饮企业经营者必须进行深入而全面的市场调查,掌握市场价格行情,以便于对原材料采购价格实行控制。掌握市场价格行情的途径一般有两个:其一是由餐饮经理、厨师长、采购部门负责人、验收员和财务成本控制员组成采购价格监督组,至少每半月亲赴市场,了解行情一次;其二是定期向供货商咨询原材料的报价。为使报价更有针对性,采购部门应主动设计报价表(见表5-9),将各餐厅所需的常用原材料详细标明规格与质量要求,由供货商直接填上近期或长期供货的价格。在充分了解原材料供应价格行情后,餐饮企业经营者就要根据货比多家、公平竞争的原则,按既定的采购方式选择供货渠道,确定供货商。

表5-9 报价表

报价日期_____ 报价供货商_____ 填报人_____

原料编号	原料名称	原料规格	单价	备注

(1)源头采购。

为了减少中间环节,以最有利的价格采购餐饮原材料,很多餐饮企业坚持与大企业、大公司或大型超市建立业务联系,加大自采力度,掌握采购的主动权。

(2)公开招标,择优采购。

餐饮企业在供货商及公众的监督下,以规定的方式和程序在保证质量的前提下,依据价格优势,对所需的餐饮原材料进行采购。由招标方式确定供货渠道和供货商,使采购的过程和结果始终公开透明,通过公开、公正、公平的竞争,节省采购环节,杜绝采购上黑暗交易的现象发生。

(3)联合采购。

越来越多的连锁餐饮企业或几个餐饮企业,采用联手采购的方式采购餐饮原材料,以量压价,有效地加强对采购价格的控制。

(4)实行供货商保证金制度。

为了防止供货商在提供原材料过程中发生有价无货、以次充好和掺杂使假等情况的发生,有些餐饮企业在与供货商签订供货协议时,要求供货商交纳一定金额的保证金,用来制约其供货行为,一旦发生以上情况,以供货商交纳的保证金来补偿餐饮企业的损失。

6.验收控制

验收工作对确保餐饮企业的产品质量具有极为重要的作用。验收工作人员不仅要有强烈的责任心,而且必须熟悉掌握各种原料的验收标准、程序和制度。为了确保验收控制效果,保证产品质量,应该对验收人员进行培训。培训的内容包括采购标准、采购批量确定的方法、验收程序及企业有关规章制度等。通过培训,全面提高验收工作人员的素质,为堵塞漏洞,保证原料质量,降低企业成本,提高企业的效益打好基础。

规定验收程序不仅可避免因人而异的随意性,还可保证验收工作有条不紊,验收项目全面细致,提高工作效率。

验收程序通常是:

(1)检查订单。

根据订货单验收购入的原材料,订货单中未订购的原材料不予受理。

(2)核对价格,验收质量和数量。

根据供货发票检查原材料的价格,根据订货单和采购规格书验收质量和数量。为了提高工作效率,避免造成人力和财力的浪费,应按先核对价格,再验质量,最后验数量的顺序来进行原材料的验收。对验收不合格的原材料,应及时办理退货手续或补购进手续。

（3）受理原材料。

在前三个程序完成后，验收员应在供货发票上签字，确认收到货物，并接收原材料，同时填写验收单（见表5-10）。检验认可后的原材料，发生任何问题应由本餐饮企业负责。

表5-10 验收单

日期：_____

原料编号	原料名称	原料规格	计量单位	数量		原料单价	原料金额	申购部门
				应收	实收			
合计								

送货人_____　　采购人_____　　验收人_____　　主管_____

（4）送库储存。

验收后的原材料应及时入库，鲜活原材料应及时通知厨房领取，库存原材料及时由专人送库储存。原材料入库应有专人搬运，不得随便让外单位送货人员进入仓库。验收环节除了对购进原材料的价格、质量、数量等进行控制外，还应做好防盗工作，以保证购入的原材料全部安全入库。

（5）填写日报表。

鲜活原材料送抵厨房、库存原材料入库后，验收人员应填写验收日报表，汇总当日收进的原材料，作为进货的控制依据。财务成本核算员可凭此进行原材料成本的核算，财务人员也可据此保证不重复付款。验收日报表应分别由厨师长或仓库保管员核签，确认收货。

（6）验收时应注意事项。

①核对到货数量和订购单上的数量是否一致。验收员应根据订购单核对发货票上的数量、价格和实物计量单位，如有不一致之处，验收员应根据管理人员的要求做好记录。无论出现何种问题，验收员都应报告经理，请经理解决。

②核对发货票的价格与订购单上的价格是否一致。

③检查到货质量是否和采购标准规定质量要求相符。

④定期做好检查验收工作。由优秀的餐饮产品采购员检查验收部和验收员的工作；厨师长要经常检查餐饮原料的质量，了解餐饮产品的成本。企业财务主管应

每天抽空到验收处检查工作,企业管理者应每天或不定期检查验收部的工作。

⑤做好验收环节防盗工作。

四、餐饮原料存储成本的控制

餐饮企业成本控制的主要对象就是原料。原料在存储过程中时刻都存在着损耗的可能。餐饮企业的原料存储管理就是避免一切可能造成的浪费,也就是积极预防而不是被动处理已经发生的浪费现象。这就要在进货数量上把好第一关,规范库房业务程序,避免因工作流程不畅造成的原料损失。

(一)发料的控制

发料环节控制的任务是在保证各餐厅厨房得到及时、充分的原料供应的前提下,控制领料手续和领料数量,避免原材料的流失,并正确计算餐饮产品的成本。

1.实行领料单制度

发料人员应坚持原则,做到没有领料单(见表5-11)不发放,不经审批的不发放,有涂改或不清楚的不发放,手续不齐全的不发放,变质过期的原材料不发放。

表5-11 领料单

领料部门_____   日期_____

原料编号	原料名称	原料规格	原料单位	原料数量		原料单价	原料金额
				请领数	实发数		

领料人_____ 领料部门经理_____ 保管员_____ 记账员_____

原材料发放的控制还应得到厨师长的配合。厨师长既要把好领料单的审核关,又要把好复核关。审核关的控制内容,主要是签字笔迹一致,不随意变换字体;将原材料最后一项下面的空白栏划去;加强数量控制,只领当日经营所需的原料,以免浪费或流失。复核关的控制,是指原材料从仓库或验收领回后,管理者要善于观察,并进行数量、质量的抽查,发现问题,立即追究责任,坚决堵塞领料过程中的漏洞。

2.原材料发放实行"先进先出法"

所谓"先进先出法",即先购入的原料先发出,后购入的原料后发出。其目的是保证餐厅厨房使用的原材料的质量,避免变质、过期造成损失。

(二)存储量的确定

餐饮企业库房管理关键是量的控制,即每个品种的量的控制,包括消耗定额、储备定额和订货时间,以下着重从前两方面进行阐述。

1.原料消耗定额

原料消耗定额是指在一定的设备技术条件下,为加工所需菜肴而消耗的原料数量标准。制定合理的原料消耗定额,对改善餐饮企业的经营,降低消耗,增加利润非常重要。制定原料消耗定额的方法有经验估计法、统计分析法和技术分析法三种。

经验估计法是以有关人员的经验和历史资料为依据,通过分析估计来确定原料消耗定额的方法。因为餐饮原料品种多,数量变化大,季节性强,进货质量和净料率各不相同,很难用统一的方式来测定。核定消耗定额的方法一般是以历史经验为基础,在分析餐厅的接待能力、淡旺季的差别后大致确定的。

统计分析法是根据实际原料消耗的历史资料,通过计算和分析,确定原料消耗定额的方法。对每个菜肴的用料要进行实地测算,计算出成率、标准用量,并根据销售量计算原料消耗量。例如,每千克生鸡翅可生产出炸鸡翅成品0.65千克,每份炸鸡翅的重量是0.65千克,如果当日售30份,则需生鸡翅30千克。

技术分析法是根据实地观察、测定资料或者通过技术计算确定原料消耗定额的方法。虽比较精确,但工作量较大。

2.原料储备定额

原料储备定额是指在一定业务技术条件下,为完成一定的生产任务,保证经营活动持续进行所必需的最经济合理的原料储备数量标准。定额做到既不影响企业的经营业务,又不造成积压,而采购、储存费用又最低,需要运用技术分析方法计算和确定。

餐饮原料的储备通常由经常储备、保险储备和季节储备三部分组成。

经常储备是指前后两批原料入库的间隔期内,为满足餐饮经营需要所需的原料储备。

$$经常储备定额 = 前后进货间隔天数 \times 平均每天需要量$$

保险储备是为防止交货误期、运输受阻等原因造成的产供脱节而设立的一种后备性质的原料储备。保险储备定额的计算公式是:

$$保险储备定额 = 平均每天需要量 \times 保险天数$$

$$某项原料的储备定额 = 经常储备定额 + 保险储备定额$$

为了克服原料受季节性或政策性生产的影响，还需要建立季节储备。

$$季节储备定额 = 平均每天需要量 \times 中断天数$$

[例1] 某饭店计划一季度需要360千克的香菇，每3个月进货一次，但由于购货地点较远，有运输受阻的可能，需要有15天的保险天数，该原料经常储备、保险储备各为多少？总储备定额为多少？

解：进货间隔天数 = 30×3 = 90（天）

平均每天的需要量 = 360÷90 = 4（千克）

经常储备定额 = 90×4 = 360（千克）

保险储备定额 = 4×15 = 60（千克）

香菇的储备定额 = 经常储备 + 保险储备

= 360 + 60 = 420（千克）

答：香菇的经常储备定额为360千克，保险储备定额60千克，总储备定额420千克。

[例2] 某酒店平均每天需要对虾20千克，需要在产虾季节储备，中断供应天数210天，季节储备应为多少？

解：季节储备 = 平均每天需要量 × 中断天数

= 20×210 = 4200（千克）

答：对虾季节储备为4200千克。

以上三种储备定额的确定，主要是考虑企业外部供应条件和满足供应而进行的，没有考虑到企业的储备多少是最经济的。因为企业储备的原料越多，原料订货的次数就越少，订货费用就越小，存储费用反而增多；反之，企业储备的原料越少，存储费用会越小，但原料订货的次数就越多，订货费用就随之增加。因此，应合理确定订货批量，使企业的存储费用处于最低状态。

最优经济批量的计算公式如下：

$$EOQ = \sqrt{\frac{2FS}{C}}$$

其中：F——每次订货的费用；S——原料日需求率；C——单位储存成本

[例3] 某饭店月消耗香菇90千克，每次订货费用为300元，每千克每天的存储费用为0.02元，求香菇存储总费用最低的经济批量。

解：$EOQ = \sqrt{\dfrac{2FS}{C}}$

$= \sqrt{\dfrac{2 \times 300 \times \dfrac{90}{30}}{0.02}}$

$= 300$（千克）

答：香菇存储总费用最低的经济批量为 300 千克。

五、餐饮产品生产成本的控制

餐饮企业是劳动密集型企业，生产加工需要投入大量的人力，餐饮企业员工有很多机会接触餐饮原料。因此，生产加工过程中每个环节和每个人都可能成为成本漏洞，很容易造成浪费，且控制起来难度也很大，这是餐饮企业原料成本控制的核心。生产加工过程中成本控制的内容主要有环境因素成本控制、组织分工成本控制、标准化成本控制、能源成本控制等。

（一）环境因素成本控制

环境设计不当，会造成劳动效率低、劳动力成本加大、设施设备损坏率高等问题。如，行走路线的设计要尽量避免交叉，避免因人员和物品碰撞造成效率降低和用具损坏。下水管道设计应考虑废水的再利用，可将洗碗间的下水管道设在厨房下水道的上游，让有洗涤剂的温水冲刷有油污的厨房下水道，可避免管道堵塞，又无须任何成本。多楼层的餐厅可设一个中心厨房，向各楼层的分厨房供应原料，以减少使用电梯的成本，又可提高上菜速度。

（二）组织分工成本控制

组织分工成本尚有很大潜力可挖，应以组织合理分工和降低劳动力成本为改进方向，做到按照烹调方法分出各种灶台，以保证菜肴质量和批量化生产，从而避免因在不同灶台交替使用造成时间、耗油量和能源的增加。加强对厨房人员在不同岗位能力的培养，以便在客人减少时用"多面手"值班，不需各个岗位都留人等待，以避免由于分工过细而造成劳动力成本的浪费。

（三）标准化成本控制

标准化成本控制可从以下几方面开展：

1. 制定成本标准

成本标准是指采用科学的方法，经过调查、分析和测算，制定在正常生产经营条件下应该达到的成本水平。它是成本控制的基础,以产品 A 为例,其原材料标准成本见表 5-12。

表 5-12 产品 A 餐饮原材料标准成本

标准	主料	配料	调料
价格标准			
发票单价	12.00 元	8.00 元	6.00 元
运杂费	0.50 元	0.60 元	0.40 元
每千克标准价格	12.50 元	8.60 元	6.40 元
耗用量标准			
设计用量	1.0 千克	0.5 千克	0.2 千克
允许损耗量	0.1 千克	—	—
单位标准用量	1.1 千克	0.5 千克	0.2 千克
成本标准			
主料(1.1×12.5)	13.75 元		
配料(0.5×8.6)		4.30 元	
调料(0.2×6.4)			1.28 元
单位产品原料成本		19.33 元	

2.制定标准菜谱

为保证菜谱上各菜品的质量达到一定的标准,并具有一定的稳定性,同时反映出本餐厅的餐饮风格,有必要对菜谱制定标准。这样不仅可以有效地进行厨房成本核算控制,还能对厨房生产进行标准化控制。标准菜谱就是指厨房对每一个菜品所规定的各项质量标准的文件。它是质量和成本的控制工具,包括菜肴的名称、菜肴的标准烹制份数、菜肴的标准份额、标准的原料组成及用量、标准的制作程序及每份菜肴的标准成本等内容。

(1)菜肴名称。菜肴名称是菜肴质量的基础。一个高水平的菜肴,它的名称必须符合它使用的食品原料品种和规格,符合该菜肴的制作方法,符合该菜肴的特点,还可以用菜肴的名称说明其寓意。

(2)菜肴的标准份额。菜肴的标准份额是指每盘菜肴在价格固定的前提下规定的各种原料的数量或重量。每份菜肴成品每次销售给顾客的数量或重量必须是一致的。这样,不仅使顾客产生信任和公平感,还有利于控制菜肴的成本。

(3)菜肴的标准烹制份数。在菜肴的生产过程中,有的菜品只适合单独烹制,有的菜品可以数份甚至数十份进行烹制。为了保证菜肴质量,保证标准份额,保证每份菜肴的标准成本,必须对菜肴的标准烹制份数有明确的规定。

(4)标准的原料组成及用量。标准的原料组成及用量是指规定生产某菜肴所需的各种主料、配料和调味品等及标准数量。标准原料组成及用量是菜肴成品质量的基础。

(5)标准的制作程序。菜肴的标准制作程序是保证菜肴色、香、味、形的重要控制措施。它规定了菜肴的原料加工切配方法、烹调的程序方法、烹调的温度和时间、菜肴生产使用的工具和设备,以及菜肴盛装的餐具和菜品的拼摆方法。

(6)每份菜肴的标准成本。每份菜肴的标准成本是控制成本的工具,是菜品定价的基础。其计算公式为:

每份菜肴的标准成本 = $\sum$(各种配料成本单价 × 各配料数量) ÷ 烹制份数

每份菜肴的标准成本率为标准成本额占菜肴售价的比例。

即:每份菜肴的标准成本率 = 标准成本额 ÷ 售价

标准菜谱是餐饮产品生产成本控制的重要手段。它列明某一菜肴在生产过程中所需的原料、配料和调料的名称、数量、操作方法、每份分量和装盘工具、装饰的搭配、剩余原料的使用方法及其他必要的信息。制定标准菜谱进行成本控制,可以避免和减少客人对菜肴的味道变化而产生反感甚至投诉,以及生产过剩的问题,从而减少监控费用,降低管理费用和培训费用及销售损失,便于标准化控制和进行针对性服务。为更好地理解标准菜谱及其作用,下面介绍两个标准菜谱供参考,见表5-13、表5-14。

表5-13 标准菜谱一

菜品:滑熘里脊　　　　　　　　　　　　总成本:8.09元
类别:宴会、零点　　　　　　　　　　　总售价:24.00元
每批量:1千克　　　　　　　　　　　　成本率:33.7%

配料名称	用量/g	日期:2016.3.12		日期:		日期:	
		单价	金额	单价	金额	单价	金额
猪里脊肉	200	24.00	4.80				
鸡蛋清	30	20.00	0.60				
淀粉	25	2.50	0.0625				
玉兰片	15	30.00	0.45				
青豆	100	7.00	0.70				
猪油	50	12.00	0.60				

续表

配料名称	用量/g	日期:2016.3.12		日期:		日期:	
		单价	金额	单价	金额	单价	金额
精盐	2	2.00	0.004				
料酒	10	2.00	0.02				
味精	2	12.00	0.024				
葱	10	8.00	0.08				
姜	25	10.00	0.25				
鸡汤	100	—	0.50				
成本总额			8.09				

生产规程	照片或图片
1.把猪里脊肉切成薄片,放入蛋清和淀粉糊中上浆。葱、姜切成丝,玉兰片切成片 2.用鸡汤、盐、料酒、味精和淀粉兑白汁 3.勺内放入猪油,烧至50度(5成熟),放入里脊片,用筷子划开,倒入漏勺内 4.勺内放底油,用葱、姜丝炝锅,放入玉兰片和青豆煸炒后下入里脊片,倒入事先兑好的白汁,颠翻两下,淋明油出勺即成 成品特点:色泽洁白,汁清芡亮,咸鲜味	

表5-14 标准菜谱二

菜名:生鱼片　　　　　　　　　　总成本:42.00元
用途:宴会、零点　　　　　　　　总售价:84.00元
每批量:千克　　　　　　　　　　成本率:50%

用料名称	数量、千克	制作过程	余料用途与存放	使用工具	盛装说明
鱼肉	0.2	宰杀、剔除内脏、剔骨去皮,鱼肉切片	内脏、鱼子存入冰箱,皮、头骨作汤	剪子、刀、案板	将切好的鱼片码放在垫好生菜叶的盘内
生菜叶	0.1		放在盘上衬托鱼肉		铺在盘上
菠菜叶	0.1	切细丝过油			撒在盘的四周
芥末酱	0.04	装入小碟与盘同上			

生鱼片的标准菜谱能将原料与制作过程对应,在制作过程栏只需说明制作方法,而不必再将原料列出,既可节约表格空间,又便于工作人员一目了然,提高工作效率。

3.制定单位产品标准量

单位产品标准量是标准菜谱生产批量除以份数。如上例批量为1000克,共制作5份,则每份菜肴的量为200克。如何控制每份菜肴的用量呢?可在标准菜谱中予以说明,厨房人员按照分量控制标准可做到每份菜肴投料相同,确保每份菜肴的成本相同,顾客品尝到同样的菜肴。厨房人员每次配菜和装盘时,必须了解每份菜肴的分量,必须使用量具、量勺、量标、量杯等分量控制工具。

4.制定单位产品标准成本

单位产品标准成本是指生产单位菜肴所耗费的原料成本。制定标准菜谱和单位产品标准量之后,管理人员应计算单位产品的标准成本,并运用单位产品的标准成本对餐饮产品原料成本进行控制。

管理人员制定单位产品标准成本可用以下三种方法来确定。

(1)公式计算法。其计算公式为:

$$单位产品标准成本 = 单位购价 \div 单位原料可生产的份数$$

公式计算法主要适用于由供应单位加工切配好的外购餐饮产品原料,这类原料包装上往往注明主料、配料和调料的份数,只需用单位购价除以份数,即可求出单位产品的标准成本。

(2)投料成本卡。投料成本卡与标准菜谱均描述有菜肴名称、产量、原料名称和数量,但前者介绍有单价和金额,后者则描述生产过程。以宫保鸡丁为例,其投料成本卡见表5-15。

表5-15 投料成本卡

菜肴名称:宫保鸡丁　　　　　　　　　　总成本:6.58元/份
产量:5份　　　　　　　　　　　　　　　总售价:13.16元/份
日期:2016.10.15　　　　　　　　　　　总成本率:50%

序号	1	2	3	4	5	6	合计
1	原料名	鸡脯肉	花生米	干辣椒	调料		
2	用量(千克)	1.5	0.15	0.01	0.15		
3	单价(元)	20	8	20	10		
4	金额(元)	30	1.2	0.20	1.5		32.90

管理人员计算各种原料的成本之和后,即可确定某一标准菜谱的总成本,再用总数除以份数,可求出每份标准成本。如原料市价稳定,采购各种原料没有浪费,计算出来的每份标准成本就是每份标准分量菜肴的生产成本;如果原料市价发生变化,管理人员应随时重新计算每份标准成本。管理人员应根据市场情况,并考虑到员工的时间和精力,决定应多久计算一次。

(3)标准菜谱和成本卡。标准菜谱和成本卡是将标准菜谱与成本卡合而为一的表格,可一表二用,节约了表格成本。以油浸鲜鱼为例,其标准成本与成本卡见表5-16。

表5-16 标准成本与成本卡

菜名:油浸鲜鱼　　　　　　　　　　　总成本:219元
用途:宴会　　　　　　　　　　　　　总售价:328.50元
批量:10千克

用料名称	数量（千克）	单价（元）	成本（元）	制作程序	剩余原料存放或用途	使用工具	盛装方法
草鱼	10	15	150	初加工切段1/3,切丝2/3,一半切片,一半切丝,锅内注入清水上火烧沸。水沸后放入盐和绍酒各50克,花生油500克及姜片和葱段	内脏交给伙食部		
葱	1.5	8	12				
姜	1.5	10	15				
香菜叶	0.25	8	2				
调料	4	10	40				
合计			219.00				

(四)能源成本的控制

能源包括水、煤气、煤、汽油等。一般而言,餐饮企业能源占营业额的6%~10%,其中燃料费用呈不断上升的趋势。重视能源控制与否,决定成本控制目标能否实现。节能方法主要有三种。

1. 尽量选用节能设备和成本低的能源种类

选购冰箱要考虑是否节能;用微波炉烹制含水量大的菜肴;使用水煤浆代替煤炭,可节约煤的成本1/3以上;选用节能照明系统和感应照明设备,使照明做到人走自熄;在水电费价格上涨之前,动力部门要采取相应的管理措施,对餐饮厨房燃料可进行改造。随着我国节能技术的不断涌现,将会有更多的节能方式可供选择。

2. 充分利用剩余热量

如烤箱的余温可用于保温食品;蒸气可以回收,节约热能。目前市场已有回收蒸汽的锅炉。

3. 落实责任

能源节约责任应落实到使用者身上,如区域照明的节能落实到区域负责人身上。发现浪费能源,查明负责人,对之进行教育,并采取有力处罚措施。

(五)预测生产销量,制订生产计划

预测生产加工销售数量是有效控制餐饮产品生产加工成本,避免产品生产加工浪费或不足而导致成本损失的基础性工作,通常用预测结果来确定生产计划。

1. 生产销量的预测

饭店管理人员应使用各种可以获得的、适用的资料,对今后各种菜肴的销售量做出预测。如果管理人员能精确地预测销售量,就能制订正确的生产计划:采购适应数量的原料,并根据预计的销售量生产各种菜肴,从而减少浪费、产品变质、生产过剩等问题的发生。由于饭店的大部分原料具有极易变质的特点,而且饭店是在顾客点菜后再生产菜肴的,所以,准确的销售预测是饭店餐饮产品成本控制工作的一个极为重要的环节。

饭店销售预测的第一步,通常是预测某一天或某一餐的顾客人数。管理人员应查阅销售历史资料,了解最近一段时间内与预测日类似的若干天的总销售量。如果以往若干天的销售量存在明显的差异,管理人员必须尽力查出引起差异的原因。通常,管理人员可以根据销售历史资料上记录的天气情况和其他环境因素查明原因。分析环境因素对以往销售量的影响之后,管理人员应通过了解当地即将发生的重大事件、天气预报,或向其他有关信息来源了解情况,判断在将来某一天发生类似情况的可能性,就可以对将来某一天的总销售量做出估计。例如,在天气晴朗的星期一,晚餐总销售量在175~200份,那么,如果根据天气预报,下星期一也是晴天,即可做出晚餐总销售量为200份的估计。如果菜单没有变化,管理人员可估计菜单上各种菜肴的销售量。如果菜单发生变动,就比较难以预测。但如果饭店保存销售历史资料,仍可根据某些菜肴在与其他菜肴一起销售时的适销指数进行预测。假定某菜肴的销售量在星期一晚餐菜肴总销售量中占20%,管理人员就可假定下星期一晚上该菜肴的销售量也将是 200 份总销售量的 20%，即 40 份。其他各种菜肴可使用同样的方法进行估计。

预测销售量应有一定的灵活性，根据情况的变化随时进行修改。管理人员应将销售预测数通知有关人员，以使餐厅经理便于安排员工的工作时间，搞好人工成本控制；厨师长能更好地估计需要厨师人员的数量，了解应领取原料的数量；采购员能更好地决定应采购多少数量的原料。

2.以销定产，制订生产计划

饭店管理人员在生产经营过程中，必须贯彻以销定产的原则，经常编制生产计划，在生产计划表上列明各种菜肴名称与上述预计的销售量及预计调整数量，从而规定厨师需生产的数量。因此，生产计划表是管理人员控制生产、防止浪费的一种手段。一般的做法是，管理人员应在预测日前一天修改预测数，厨师长在预测日早上修改调整数。下面是简单的生产计划表示例和比较复杂的生产计划表示例（见表 5-17 和表 5-18）。

表 5-17　简单的生产计划表

星期一　　　　日期：12 日　　　　餐：晚　　　　预测总销售量：200 份

菜肴名称	预测数	预测调整数
A	22	20
B	18	16
C	15	14
⋮	⋮	⋮
⋮	⋮	⋮
X	9	7
合计	200	180

表 5-18　比较复杂的生产计划表

星期一　　　　日期：12 日　　　　餐：晚　　　　预测总销售量：200 份

菜肴名称	预测数	预测调整数	每份数量	生产方法	现在份数	需生产份数	可供出售份数	剩余份数
A	22	-2	400 克	炒	1	19	20	1
B	18	-2	450 克	焖	2	14	16	0

续表

菜肴名称	预测数	预测调整数	每份数量	生产方法	现在份数	需生产份数	可供出售份数	剩余份数
C	15	-1	300 克	炖	2	12	14	0
⋮	⋮	⋮	⋮	⋮	⋮	⋮	⋮	⋮
⋮	⋮	⋮	⋮	⋮	⋮	⋮	⋮	⋮
X	9	-2	1000 克	爆炒	1	6	7	1
合计	200	20	—	—	18	162	180	6

无论使用简单的还是复杂的生产计划表,目的都是通过制订生产计划,防止花费过多的产品成本,搞好控制工作。理想的生产量应和销售量相等,而不应有剩余的菜肴。

(六)按标准制作,物尽其用,减少损耗

1. 加工阶段

餐饮产品的加工过程包括原料的初加工和细加工。在加工过程中,还应对原料的出成率进行严格控制。原料的出成率即净料率,它是影响成本的关键。由于各种餐饮产品原料的质量、鲜活度和加工处理方法不同,其出成率也不一样。管理者要制定各种原材料的出成率标准,把它作为厨师工作职责的一部分,加强监督检查,尤其是把贵重原材料加工作为检查和控制的重点,要求做到分档取料,注意节约,精心加工和细心操作,物尽其用。这样才能保证加工质量,降低损耗,提高经济效益。

2. 配份阶段

配份也称配菜、配料,是使菜肴具有一定质量、形态和营养成分而进行的各种原料搭配的过程。配份是厨房生产菜肴的主要工序,影响菜肴的内在质量、感观质量、份额量和成本。因此,把好配份关,首先,要配备有经验的厨师。配份厨师要了解任务情况,十分熟悉各种餐饮产品原材料的性能、分量、用料比例和配制方法,熟悉掌握刀工处理的技巧,懂得成本核算,才能保证配份质量。其次,把好配菜原料的质量关,尤其要注意餐饮产品原料经过加工、存放是否产生质量变化等。再次,管理人员要经常核实配份中是否执行标准配料,是否使用了称量、计数和计量等控制工具。即使再熟练的配菜厨师,不进行称量也很难做到精确。常用的方法是在配两三份菜后称量一次,如果配制分量合格可接着配,若配量不准,以后的配制要继续称量。最后,要做到凭单配发,顺序配菜,要保证配制的每份菜都有凭据,避免重复、遗漏、错配的现象发生。

3. 烹调阶段

烹调过程虽然时间短,但对技术要求十分严格,它没有固定的操作方法,菜肴品种不同,烹制方法不同,所用配料及火候掌握不同,这个过程完全取决于厨师的专业技术水平。因此,控制烹调质量,首先要选经验丰富的厨师担任烹调工作,他们技术水平高,熟悉不同菜肴的烹制方法,可确保产品质量。其次,督导炉灶厨师应认真贯彻执行标准菜谱中规定的制作程序,避免烹调的随意性,任何只图方便违反规定的做法和影响菜肴质量的做法一经发现应立即加以制止。当然,对于未列入标准菜谱的新产品或特殊风味的菜肴,就应充分发挥厨师个人的独特烹调技艺。最后,要严格控制每次烹调的出品量,这是保证菜肴质量的基本条件。

餐饮产品生产质量的控制也是成本控制的内容,是餐饮管理中十分重要的问题。为了保证控制菜点质量、标准的有效性,除了制定标准,重视流程控制和现场管理外,还必须采取有效的控制方法。餐饮产品生产加工成本控制方法很多,涉及面也很广,下面主要介绍几种方法:

(1) 全员控制法。全员控制法是一种全体员工积极参与来实现企业成本控制目标的方法。在采用这种方法进行成本控制时,要求广大干部职工要有较强的成本管理控制意识,充分认识到成本控制在实现企业销售利润上、提高职工的工资福利待遇上乃至企业今后的发展上都具有非常重要的现实意义。

(2) 厨房制作过程的控制。从加工、配菜到烹调的三个程序中,每个流程的生产者都要对前一个流程的产品质量实行严格地检查,不合标准的要及时提出,帮助前道工序及时纠正,如,配菜厨师对一道菜配制不合理,烹调厨师有责任提出更换。管理者也要经常检查每道工序的质量,使每个产品在每个流程都受到监控。

(3) 责任控制。通过目标分解可以把任务落实到生产过程中的每一个环节。成本控制指标更应如此。例如,毛利率指标就可以通过厨房将其分解落实到具体的每一个环节。各个环节之间和各环节内部交班的沟通都有书面的记录,这样才能将责任落实到个人。按厨房的工作分工,每个部门都承担一个方面的工作。首先,每位员工必须对自己的工作质量负责。其次,各部门负责人必须对本部门的工作质量实行检查控制,并对本部门的工作产生的问题承担责任。厨师长要把好出菜质量关,并对菜肴的质量和整个厨房工作负责。为了加强餐饮产品生产加工控制,建立健全一套成本控制奖惩制度十分必要。成本控制奖惩制度主要针对成本控制不利的管理人员和员工,按其责任大小,相应地给予一定的处罚;对能主动找出餐饮生产成本控制的漏洞,提出新的成本控制措施和意见的部门和个人应给予相应的奖励。只有这样,才能增强职工节约成本的积极性,最终使餐饮生产成本得到有效的控制。

(4) 重点控制。把那些经常和容易出现问题的环节或部门作为控制的重点。这些重点是不固定的。例如,配菜部门出现问题,则重点控制配菜间;灶间出现问题,则重点控制灶间。这种控制法并不是头痛医头、脚痛医脚,而是随着控制重点的转移,逐步确保工作质量,不断提高工作水平。

(5) 定期盘点与核对。为了解决餐饮成本控制中有标准菜谱和销售额的统计数据,却没有每种菜肴的销售量和厨房剩余量的统计数据的问题,必须加强生产统计工作,以便为成本控制提供详细的基础资料。在实际工作中,常常利用盘点进行实地统计,即专门配备一名核算成本员,定期进行盘点统计,及时确定厨房原料剩余量等相关数量,最终为成本控制奠定基础。盘点是为了提供实物数据,将出库量减去厨房盘点剩余量就是实际用量。将实际用量与标准用量进行比较,就能知道餐饮产品生产加工成本控制的效果如何。标准用量要根据标准菜谱来计算,即将每道菜肴的用料品种与数量除以该菜肴的销售量,这就是该菜肴的标准用量。标准用量与实际用量的差额就是餐饮产品生产加工成本控制的对象。

六、餐饮营销成本控制

(一) 运用菜单进行营销成本控制

不同菜肴的利润率通常是不同的。高价菜肴的利润率一般高于低价菜肴。要增加利润,管理人员应设法增加利润率高的菜肴的销售量。因此,管理人员必须要求服务员积极推销菜肴,而不是消极地接受顾客点菜。科学的菜单设计既有利于餐饮销售量的增加,扩大餐饮的利润来源,又有利于降低餐饮成本,增加餐饮销售利润。

菜单是餐饮企业最重要的促销手段之一。菜单是餐厅提供产品的目录,包括餐饮产品和饮料的品名和价格,可简单说明产品的功能和特色及规格,便于顾客了解产品信息。由于各种菜肴的成本、利润率、成本率不同,因此,管理人员可通过编制能使企业获得最高销售量,特别是能使盈利能力最高的菜肴获得最高销售量的菜单,控制餐饮产品成本率。

1. 菜单形式的选择

菜单的纸张、颜色和印刷字体等都应根据餐饮企业的特点和类型来确定。不同类型的餐馆都应根据本饭店的类别采用适当的菜单设计方法,如马路上的小饭店不宜使用上等纸张精心制作印刷的菜单,豪华餐馆也不会用最便宜的纸张印刷字体不清的菜单。在负责设计制作菜单之前,管理人员应请专家指导;根据管理部门对毛利、菜单等要求,结合行情制定菜品的标准分量、价格;会同财务部门成本控制人员一起控制餐饮产品和饮料的成本；审核每天原材料的进货价格，在不影响餐饮产品质量的前提下，提出降低餐饮产品成本的意见。

2.试制菜单烹制样品

根据菜单设计目标制作出一个菜单，让有关人员讨论研究，以确定修改方案，再进行批量制作。这样可以避免批量制作后，因菜单不符合要求而造成的损失。有的餐饮企业常常以为聘请有经验的厨师，就不必试制样品了。其实，试制样品虽增加了一些费用，但在其他方面节约了大量成本。如让服务员观看并品尝样品，有利于服务人员推销菜品和避免上错菜；让管理人员或请客人品尝决定此菜的取舍等，这样可避免不经试制而购进大批原料后，产品不受欢迎或服务人员不会推销而造成成本的浪费。

3.运用菜单科学定价

科学的定价有利于菜肴的推销，增加企业营业收入，降低企业的产品原料成本率，从而增加企业效益。可以综合考虑影响菜肴价格的各种因素来制定菜肴价格。在计算单位产品原料成本时，将主料、配料、调料成本相加即为单位产品原料的成本，参照确定的毛利率，得到一个基本价格；再参照同行业价格，确定参照价格；最后考虑本店特色、环境和服务等因素，确定竞争价格，以及根据顾客心理需求确定合理价格。

4.收集信息，改进菜单

制作菜单后，并不意味着菜单设计一劳永逸。在菜单使用过程中还应注意信息反馈。服务员在为顾客点菜时，应注意观察顾客点菜时的喜好；在顾客用餐时和用餐结束后，注意观察顾客对哪种菜肴感兴趣，对哪种菜肴不感兴趣。由各领班定期将收集的信息交餐厅经理。经理对顾客剩余量较大的菜肴进行重点分析，判断是点菜过剩还是菜肴不符合顾客的口味，抑或是制作有问题。上述信息为改进菜单提供依据。

菜单使用一段时间后，管理者应根据上述信息的反馈，对菜肴品种、菜肴的编排以及价格进行调整，可以1个月或1个季度调整一次。具体程序如下：

（1）计算月平均销售量和月参考销量。

平均销售量＝销售菜肴份数÷菜肴品种数

参考销量＝平均销售量×0.7系数

（2）计算菜肴的平均毛利额。

菜肴平均毛利额＝毛利总额÷销售菜肴份数

（3）计算每道菜的毛利额和销量。

（4）调整。如果某个菜肴的毛利额低于平均毛利额，同时销量也低于参考销量，则此菜肴在菜单上应取消；如果某菜肴的毛利额高于平均毛利额，同时销量也低于参考销量,此菜肴需在菜单上放在更醒目的位置上;如果某个菜肴的毛利额低于平均毛利额,而销量高于参考销量,则此菜肴价格需提高,从而获得较高的利润。

[例]某饭店2016年3月共销售菜肴16 000份,菜肴品种80个,月毛利额320 000元。那么:

平均销售量=16 000÷80=200(个)

参考销量=200×0.7=140(个)

菜肴平均毛利额=320 000÷16 000=200(元)

菜肴毛利额、销量分析(见表5-19)。

表5-19 菜肴毛利额与销量分析表

单位:元

菜肴名称	毛利额	销量
A	25	120
B	23	90
C	18	260
D	12	12

表中菜肴D的毛利额低于平均毛利额,销量仅为12份,低于平均销量,此菜肴在菜单改进时可取消;菜肴A的毛利额25元,高于平均毛利额,销量120份,低于参考销量,此菜肴应调整到菜单更有利的位置,以利促销。

(二)销售收入控制

销售收入控制就是要通过建立销售收入控制体系,制定科学、有效的控制措施,采取有较强针对性的控制方法,堵塞销售收入的漏洞,防止销售收入流失,降低成本,增加利润。在实际工作中,营业收入额录入时可能会记错,收款时可能会出差错,客账单可能会丢失,等等。因此,任何企业都应制定营业收入的控制程序。

餐饮管理人员对实际和标准成本率进行比较分析时,发现食品成本率过高时,往往会降低食品成本。但是,如果企业内部存在严重的贪污,即使食品成本数额合情合理,但由于营业收入数额减少,食品成本率也会过高。可见,在分析控制体系的效率时,管理人员不仅应分析食品成本数额,还应分析营业收入的数额。

1.标准营业收入

设计营业收入控制体系应先制定标准。如果管理人员只知道实际的营业收入数额,而不知道营业收入应该是多少,就无法评估营业收入控制体系的效率;反之,如果管理人员只知道标准营业收入,而不知道实际收入,客人签单多,付账多,打折多,利润少,成本反而加大。每日营业结束,营业收入控制体系没有出过差错,那么,客账单总额就应是企业应获得的营业收入总额。

(1)设计营业收入登记表。餐厅营业收入台账是用于登记每份账单各项标准收入的登记表(见表5-20),是填报营业日报表(见表5-21)的依据和基础,为了便于查阅,实际收入与标准收入有差异的,需在表中注明。

表5-20 餐厅营业收入台账

单位:元

记账					结算					
单位	餐费	酒水	香烟	合计	厅台号	餐费	酒水	香烟	合计	备注
A单位	350.00	260.00	50.00	660.00	01	50.00	5.00		55.00	
B单位	1000.00	200.00	40.00	1240.00	02	350.00	50.00	30.00	430.00	
					03	380.00	120.00	40.00	540.00	
					04	500.00	100.00	40.00	640.00	
					05	249.00	200.00	80.00	529.00	
					06	10.00	6.00		16.00	
					07	367.00	633.00		1000.00	支票
合计	1350.00	460.00	90.00	1900.00		1906.00	1114.00	190.00	3210.00	

表5-21 餐厅营业收入日报

单位:元

营业项目	金额	付款方式	金额
餐费	3256.00	现金	2110.00
酒水	1574.00	转账	1000.00
香烟	280.00	记账	
		其中:A单位	660.00
		B单位	1340.00
合计	5110.00	合计	5110.00

(2)确定标准营业收入的方法。运用下列两种方法核对标准营业收入的正确性：

①核对两联客账单，并检查出纳员是否收到所有第一联客账单。

②记录售出菜肴数和营业收入数额，并填入营业收入记录表，汇集管理人员所需的销售数据。无论是什么情况，都必需收集所有客账单，并将售出菜肴的有关信息记录上。名种菜肴售出份数乘以每份售价，就是各种菜肴的标准营业收入数额。

2. 实际营业收入

要确定实际营业收入，需要确定服务员或出纳员实际收款数额。每位餐厅服务员都应领用客账单，并严格遵守各种有关程序。服务员在接受顾客点菜之后，应将客账单第二联交给厨师或发菜员，或使用预先入账机入账。顾客准备付款时，服务员应准确计算客账单金额，再送给顾客，向顾客收款。

3. 比较标准营业收入和实际营业收入

实际营业收入与标准营业收入存在差异是许多饭店常有的事，管理人员应对标准营业收入和实际营业收入数额进行比较，通过调查，找出原因，并及时采取措施加以预防以避免企业蒙受重大损失。产生差异的原因很多，可采取的相应的措施也很多。如打折太多，必将导致实际营业收入与标准营业收入产生差异。为了减少打折现象，管理者必须完善经营管理制度，提高服务质量，以优质服务吸引顾客，避免消费者提出打折要求。

4. 营业收入控制方法

(1)服务员与柜面收款员互相制约。由服务员开出结账单，由款员凭单收款，并在上缴款项报表(即缴款表)上签字。

(2)柜面收款员设两人，一人负责收款，另一人负责开票。

以上两种方法适合小型餐馆使用。

(3)设置入厨单。入厨单要与餐厅账单一同复写，由收款员计数收款，服务员根据客人意见填写一式四联点菜单，四联分别为入厨单、账单、传菜单和服务员用单。收款员凭此单结账，入厨单将此单作为制作菜式的依据。

5. 防止贪污和逃账

餐饮企业的用餐顾客很多，餐厅的部分营业收入又是现金，个别员工可能会趁忙乱之机浑水摸鱼，贪污饭费；少数顾客可能逃账，这些都将增加餐饮经营成本。管理人员必须高度重视防止贪污和逃账现象发生，并采取一系列有效的措施，防止或减少由此所造成的损失。

七、餐饮场地设施设备与器具成本的控制

餐饮企业经营与服务是通过一定的场地、设备器具用品来实现的,没有一定的物质基础,餐饮企业的经营和服务无法进行,而场地的设施设备和器具必须与餐饮经营的规模、档次、服务对象、市场定位相适应,如果一味地追求大派场、高档设备和器具,将会增加企业成本,直接减少企业利润;反之,如果不注重营业场所的档次,使用低档设备器具,而定位为高档消费,则会影响餐饮销售,从而违背餐饮业"超值服务"原则。这就要求对餐饮企业的场地、设施设备与器具进行科学管理和使用,做到既节约成本,又提高效率。

(一)场地租赁费控制

我国众多的餐饮企业中,除部分是国有企业外,大部分为个体经营企业,经营与服务的场所大多是租赁而来,租赁场地需要支付一笔可观的费用,甚至可能在此基础上还需支付场地转让费,这对企业是一笔不小的开支。场地租赁费控制的好坏,对餐饮企业的成本和利润影响很大。餐饮企业管理者可根据客流量多比较、多踩点、多分析来选择地段和楼层,如高楼层的租赁费比低楼层的相对要低;选择黄金地段与偏僻路段结合部的租赁费要比黄金地段的要低。总之,场地租赁要充分考虑租赁费给企业带来的承受力和风险压力。

(二)进场装修费控制

实行进场装修经费预算最小化,有利于实现实际支出最小化。人们的审美观不同,因此,对餐饮场所的装修也有不同的要求。装修风格可与竞争对手区别开来,每个餐馆都应有适宜而独特的装修,以吸引足够数量的顾客前来消费,从而增加销售量和利润。家庭就餐一般喜欢非正式、轻松愉快的氛围;到风味餐馆就餐的顾客通常偏爱有地方风格的装修场所;商务聚餐喜欢高档雅致的装修场所。可见,餐馆的装修档次高低很大程度上决定了顾客的类型与数量。在装修费控制上,餐饮投资者必须做到在不影响装修效果的前提下,尽量节约成本。装修成本的节约将大大地减少餐厅的资金压力和投资的风险性,转嫁到客人身上的折旧费也就大为减少,其餐饮产品自然有更大的竞争力。场地装修必须与企业的规模与档次相适宜,"二星价格、三星设施、四星服务"的做法,最终会导致企业成本增加和资源浪费,造成营业收入与营业成本不匹配。

(三)设备器具成本控制

餐饮设备一般包括照明设备、通风设备、供排水设备、音响设备、餐饮产品加工设备等;餐饮器具一般有陶瓷餐具、玻璃餐具、银餐具和其他餐具。上述设备与器具的成本由购买成本、运输成本、安装成本、保养成本、维修成本、管理成本和使用

成本所组成。

设备与器具用品成本控制的方法一般有以下三种：

1. 重点管理法

餐饮企业设备与器具用品种类繁多，餐饮经理要有重点地进行成本控制。各个部门也要根据部门拥有设备与器具用品的具体情况，有重点地进行管理。如果所有设备与器具用品都采取同样的管理方法，必然会对部分设备与器具用品管理过当，得不偿失，而对另一些设备与器具用品管理不够，造成这些设备与器具用品的不必要的损耗，增加成本，减少企业利润。如对设备的管理要由设备部门登记并制订维护计划，财务部门登记入册，重点控制，而对一些低档器具则可由服务人员直接管理。

2. 程序化管理法

任何设备与器具用品都有一定的使用程序，员工必须按程序操作和使用，否则就会缩短设备与器具用品的使用寿命，增加设备与器具成本。因此，必须严格执行设备与器具用品的使用方法和操作程序，同时，对使用设备与器具用品的交接班也要实行严格的程序控制。只有这样，才能保证控制工作的制度化和透明化，提高设备与器具用品的管理效率，降低使用管理成本，增加企业的利润。

3. 全员控制法

餐饮经理应充分认识到加强设备与器具用品成本控制的重要作用。设备与器具用品的成本控制与增加企业营业额一样，可以增加企业的营业利润。餐饮经理还应该经常教育员工，增强全体员工的设备与器具用品成本控制意识，要让员工知道，企业增加利润的方法并非仅仅是增加营业额，加强设备与器具用品成本控制可以在不增加劳动量的情况下增加企业利润，提高企业的经济效益，通过这种方法提高员工进行成本控制的自觉性和主动性，使全体员工积极参与设备与器具用品的成本控制中去。

八、餐饮用工成本的控制

餐饮企业是劳动密集型企业，其用工成本占营业额比重20%左右。目前，餐饮企业的组织管理还实行以往的简单的粗线条的管理模式，浪费了许多劳动力资源，也浪费了大量用工成本。餐饮企业降低劳动力成本的潜力是很大的。如果采取新的思维方式，劳动力成本可降低1/3以上，占营业额的6%。一般餐饮企业的纯利润仅占营业额的10%左右，由此可见，采取有效的用工成本控制措施，可以在营业额一定的条件下为企业增加近50%的利润。

用工成本基本上由两大部分组成：人工成本和管理费用。人工成本包括固定工资和福利待遇；管理费用包括人力资源部的管理费、材料费、招聘费、培训费及解聘费等。其中,招聘费包括招聘广告或信息费,招聘面试过程中发生的用品费,以及招聘人员的工资、福利、房租和设备损耗等各种费用;培训费包括聘请教师的讲课费,员工培训期间的工资,教室和设备及教材费,派出学习的学杂费,差旅费等。以上这些费用在部分餐饮企业还没有引起足够的重视。其实,这些费用正在不断上升。同时,用工成本构成和控制都有其特殊性。有效地控制用工成本不单是节省人工开支,重点应放在如何提高员工劳动生产率上。可从以下几个方面进行:

(一)合理设计组织机构

餐饮企业组织设计对节约成本费用开支和提高劳动效率意义重大。而每次进行组织设计都会耗费管理者大量的精力,最好的组织设计办法是采用表格进行(见表5-22)。

表5-22 饭店组织机构设计参考表

部门	面积	人均占地面积	可容纳客人数	员工总数	值台员	迎宾员	传菜员	领班员	主管	经理	厨师	后勤	营业系数	员工总数
宴会	400	2	200	50	30	6	6	7	2	1			1	
零点	300	1.5	204	51	15	3	3	3	1				1	
合计	700	1.73	404	101	45	9	9	10	3	1	77	15	2	169

1. 企业员工人数的确定

测算可容纳客人数量时,一般是宴会厅人均占地面积在1.5平方米左右,快餐厅在0.7平方米左右。具体容纳人数最终由饭店依具体情况而定。其计算公式是:

员工总数 = 可容客人数 × 员工系数

上例中员工系数定为25%,则:

宴会员工总数 = 200 × 25% = 50(人)

零点员工总数 = 204 × 25% = 51(人)

餐厅可根据经营档次来确定每个值台员服务的客人数。一般高级宴会为2∶10,中高级1∶10,中档1∶20。值台员与迎宾员和传菜员的比例都为5∶1。领班、主管、经理可根据服务员数来设置。一般是6~8名服务员设置1名领班;3~4名领班设1名主管;2~4名主管设一名经理。员工总数可根据前厅员工数的一定比例来设置。

$$员工总数 = 前厅员工数 \times 2 \times (1+10\%)$$

此外营业系数由于营业时间长短不一,班次会有所变化,所需人数也随之变化,如座位周转率低于2,员工数可适当减少。

[例]依表5-22,某餐饮企业以中高级宴会和中档零点为经营特色,营业面积700平方米,计算该企业员工总人数为多少?

解:前厅人数 = 45+9+9+10+3+1 = 77(人)

厨房人数 = 前厅人数 = 77(人)

员工总人数 = 77×2×(1+10%) = 169(人)

答:该企业员工总人数为169人。

2.厨房人员的配置

厨房人员分配比例,一般是灶台人员占50%,切配人员占20%,面点人员占15%,冷荤间人员占15%。根据这一比例,表5-22中,餐饮企业厨房各环节人数分别为:灶台39人,切配15人,面点12人,冷荤11人。

(二)努力降低培训和解聘费用

传统的厨师培训要求培训厨师全才,从厨工到厨师再到技师。这种要求费时长,培训费用高,培训效率低,而且餐馆花了大力气培训出来的厨师水平越高,支付的工资就越高,厨师很容易在人力市场上被其他餐馆挖走。新的培训观念是改变组织要求,将厨师分成两类,一类是操作工,一类是行政总厨或厨师长。极少数厨师(行政总厨、厨师长)承担研究制定创新菜谱和制定保持菜肴品味质量标准的操作工艺规程的责任。一般厨师如果提出修改工艺标准的建议,必须经行政总厨、厨师长修正,否则,任何厨工不能自行其是,这样烹制出的菜肴才能保持稳定的口味和质感。由于操作工的技能要求简单,培训容易,工资与培训费用均较低,而且他们大多不会离开,即使有人要离开,企业从人力市场上再招聘人顶岗也容易。美国快餐连锁店就是用这种方法来组织厨房劳力,这样做既保证用人质量,又节省人力费用,所谓"肯德基不需要厨师"就是这个意思。

餐饮企业中员工主动解聘和被动解聘是常有的事。解聘员工产生的费用和解聘后对工作的影响而损失的费用是难以估计的。因而除了那些工作态度恶劣而且对酒店产生不利影响的员工必须解聘外,一般情况下尽量留住员工。餐饮企业员工的流动多是主动的,如何降低员工流动率,让公司认识并规避不良流动带来的损失?企业应如何降低解聘费用?最主要的还是减少员工主动辞职,这是上策。如服务员频繁辞职,普遍的原因可能是管理人员对服务员不公平,那么就应解决这个不公平的根源,以保持服务员队伍的稳定。

(三)推行弹性工作制

推行弹性工作制的根本目的是充分合理地利用人力资源,更好地节约劳动力成本,实现最低的劳动力成本和最佳企业利润。在弹性工作制的设计和执行过程中,必须遵循以下原则:

1. 保证最佳经营效果

实行弹性工作制是为了合理利用员工的时间,降低劳动力成本。无论怎样推行弹性工作制,都必须以保证餐饮企业的经营效果为前提。如小型饭店的厨师长兼大厨,每餐菜肴制作都离不开他。在这种情况下,厨师长不可能有长时间的休息,而只能利用各餐之间的时间休息,实行小周期频繁弹性工作制。再如,小型饭店的财务人员不必每天管理账务,只需定期管理即可,所以就可以对其推行大周期的弹性工作制。

2. 充分挖掘人力资源,降低劳动力成本

许多餐饮企业采用延长工作时间的方法来使用人力资源。其实,这种破坏性掠夺式的人力资源利用方法,往往是导致人才严重流失和重要原因。因此,为合理挖掘人才资源,企业推行弹性工作制时,应有效利用员工的工作时间,把两餐之间休息时间以弹性休息形式还给员工。也可以把一些人的中间休息时间利用起来,让这些员工在下一个周期充分休息。总之,企业不应以员工工作时间为管理目的,而应让这些员工的有限时间发挥出无限作用,再给员工一段时间让其得到充分休息。

3. 让员工得到充分休息

任何岗位的员工都不可能在所有上班时间都工作,有的企业两餐之间也让员工在岗,而员工此时主要是闲聊;而有的企业由于客源少,经营不景气造成员工无所事事。这并不等于说,员工上班无所事事就得到休息。虽然他们在身体上和精神上处于半放松状态,但并未得到充分休息。员工在岗时经常处于无所事事状态,会养成一种惰性,久而久之,工作效率降低,工作热情消失。

4. 为员工创造学习条件

员工素质的形成和提高绝不能仅靠日复一日的工作能够实现的,还需要员工

走出企业进入学校,走出城市去旅行增长见识。企业应为员工创造这样的条件,为每位员工提供几天乃至一个月的弹性休息时间,让他们去学习。也可以为那些正在学习的员工创造条件,让全体员工明白:只要想学习,企业可以在工作时间上作调整,在保证工作正常运转的前提下,尽量给员工方便,提高其学习积极性。

弹性工作制在我国餐饮业已经推行,只是弹性的程度和形式有所不同。目前,我国餐饮业弹性工作制执行得还不够彻底,没有从根本上解决人员管理与经营需要的基本矛盾。企业还需要不断探索,创造出适合国情、符合企业具体情况的弹性工作制。

(1) 局部试行。可以从迎宾、传菜、洗碗、清洁卫生等非管理层或技术性不强的岗位上开始试行,待积累经验后再全面推行。

(2) 计算岗位每天所需工时。确定试行弹性工作制的岗位后,就要对这个岗位计算正常经营情况下所需的工时,从而确定不同时间岗位的工时数。

首先,计算员工数:

某岗位员工数＝客人总数÷某岗位员工可服务客人数

其次,确定工时数:

某岗位工时数＝工时时间×岗位员工数×座位周转率÷2＋值台工时

[例] 某餐厅主要经营午餐和晚餐,餐厅共有包房12个(每包房12人),大厅宴会桌(10人/桌)15张,散台(4人/桌)10张,每名传菜员服务客人50人。午餐时间为11:00—14:00,晚餐为17:30—21:30,座位周转率为200%。每餐准备时间和收尾时间各1小时,一天合计2小时。非营业时间内有少量客人用餐,计算传菜员岗位工时多少?

解:客人总数＝12×12+15×10+10×4＝334(人)

传菜员人数＝334÷50＝6.68(人)

工作时间＝3+4+2＝9(小时)

每天各餐中间和晚餐后可留守1人,即6小时。

每天传菜岗位工时为9×6.68×2÷2+6＝66.12(小时)

答:传菜员岗位工时是66.12小时。

(3) 了解员工,制定排班制度。了解员工希望集中一两天内工作,还是希望每天工作几小时;是愿意紧张工作一段时间后放松一段时间,还是愿意不紧不松地正常工作。在充分了解员工意愿的基础上,让员工了解弹性工作制的意义,让员工知道排班是方便员工,再制定可行的排班制度。可每月每周推出排班表,员工按排班日程上下班,如有变动,须前提前一天报主管批准。

(4)设计排班表,下达排班通知。根据工时统计数,先确定各岗位各餐工作时间,再由员工自己选择合适的工作时间。实行弹性工作制,每人每天工作时间不固定,需要排出每个岗位的工作时间表,让员工自己选择具体工作的时间(见表5-23、5-24)。

表5-23 员工选定的工作时间

岗位:　　　　　　　　　　　　　　　　日期:

	午餐	值班	晚餐	合计
吴	2	3	3	8
王	3	3	0	6
张	3		4	7
李	3		4	7
黄	4		4	8
陈	0		4	4
莫	0		4	4
合计时间	15	6	23	45

表5-24 排班通知单

工作时间	午餐	值班	晚餐
10:00—12:00	吴、王、张、李、黄		
12:00—13:00	王、张、李、黄		
13:00—14:00	黄		
14:00—16:00		吴、王	
16:00—17:00		吴、王	
17:00—20:00			吴、张、李、黄、陈、莫
20:00—21:00			张、李、黄、陈、莫

(5)检查落实情况。管理者要依据排班表经常检查员工出勤情况和工作效果,如发现不良现象,应及时调整排班表,甚至调整弹性工作制的形式。

九、经营费用的控制

餐饮企业费用支出占营业收入比例很大。及时、有效地监督餐饮企业经营过程中的各项费用支出,是提高餐饮企业经济效益的重要途径。

(一)费用内容

根据我国实施的新的旅游企业会计制度,餐饮企业费用主要包括以下内容:

1.营业费用

营业费用是指餐饮企业经营部门在经营中发生的各项费用。营业费用一般包括营业部门人员工资、福利费、工作餐费、服装费、物料用品消耗、折旧费、修理费、低值易耗品摊销、运输费、装卸费、包装费、保管费、燃料费、展览费、广告宣传费、水电费、差旅费、洗涤费和其他营业费用等。

2.管理费用

管理费用是指餐饮企业管理部门为组织和管理餐饮企业经营活动而发生的各种费用。管理费用一般包括不分摊到各营业部门的行政管理部门人员工资、福利费、工作餐费、服装费、办公费、差旅费、会议费、物料用品消耗、折旧费、修理费、低值易耗品摊销、燃料费、水电费和其他行政活动费(公司经费、工会经费、员工教育经费、劳动保险费、待业保险费、外事费、租赁费、咨询费、审计费、诉讼费、排污费、绿化费、土地使用费、土地损失补偿费、技术转让费、研究开发费、注册会计师和律师费、房产税、车船使用税、土地使用税、印花税、无形资产摊销、开办费摊销、交际应酬费、坏账损失、存货盘亏和毁损、上级管理费等)。

3.财务费用

财务费用是指餐饮企业为筹集经营所需资金而发生的一般财务费用。财务费用一般包括利息支出、汇兑损失、金融机构手续费等。

(二)经营费用控制

餐饮企业费用支出涉及面广,控制难度较大,管理者需要认真细致地工作,才能达到理想的控制效果。

1.餐饮企业支出费用控制程序

(1)制定餐饮企业费用控制的标准,即费用开支限额。

(2)衡量成效。将实际执行结果和原定标准进行比较,根据发生的偏差判断费用控制的成效。实际耗费小于控制标准为顺差,表明费用控制取得良好的成效;反之称为逆差,表明费用控制的成效不好,要找出原因为纠正偏差提供依据。

(3)纠正偏差。针对产生逆差的原因采取措施,使实际耗费达到标准要求。

2. 费用控制方法

餐饮企业费用控制的方法比较多，从我国传统的费用控制方法来看，主要有如下一些控制方法。

(1) 预算控制法。

预算控制法是以预算指标作为费用支出限额目标，根据分项目、分阶段的预算数据来实施费用控制。具体做法是把每个报告期实际发生的各项费用总额与预算指标相比，在接待业务不变的情况下，要求费用支出成本不能超过预算。当然，这里首先要求有科学的预算指标。一般编制滚动预算，使预算具有灵活性，更加切合实际情况。这种方法随着时间的推移而自行延伸，从而始终使预算期保持在一个特定的期限内。如2016年全年费用预算已编制完毕，当2016年第一季度的预算执行完毕时，又续上2017年第一季度的预算，这样始终保持4个季度的预算。由于需要每期修改编制，采用这种预算方法，工作量较大。但正是由于每期对编制进行修改，不断适应变化了的情况，从而使费用预算更加符合实际，更加便于控制。

例如，某餐厅2016年全年营业费用预算为300万元，其中第一季度45万元，第二季度91万元，第三季度90万元，第四季度74万元。当第一季度过去后，要将2017年第一季度的预算提上，如2017年第一季度费用预算为47万元，这样整个预算期仍为四个季度，四个季度的费用预算共为302万元。如此类推，连续不断。除了按季滚动外，还可以按月、旬滚动，甚至按日滚动。

(2) 主要费用指标控制法。

主要费用指标是对餐饮企业经营费用有决定性影响的指标，其费用总和占餐饮企业全部费用总额的比重较大。主要费用指标控制，就是抓住主要矛盾，对餐饮企业的主要费用指标严格控制，以保证费用预算的完成。控制主要费用指标关键还在于规定这些指标的定额，定额本身应当可行。一般餐饮企业在制定费用开支限额的同时，还应随时注意非主要费用指标的变化，把费用控制在预算之内。

(3) 制度控制法。

这种方法是利用国家及餐饮企业内部的各项费用管理制度来控制费用开支。例如，各项开支的审批制度、日常考勤考核制度以及费用节约的奖励制度与超支的处罚制度，对于努力降低各种费用支出并有显著效果的，要予以重奖；对费用控制不力，造成超支的要给予惩罚。只有这样才能真正调动员工节约成本、降低费用支出总额的积极性。

(4) 定额控制法。

费用定额控制是指采用科学的方法，经过调查、分析和测算，制定在正常经营条件下应该实现的费用定额。费用定额是控制费用支出，评价实际费用水平高低，衡量工作质量和效果的重要依据。如，提供单位产品服务所消耗的人工费用定额等。这些定额发挥着对费用控制的作用。

对各项费用规定一个绝对金额作为定额,以此对费用支出进行控制。在具体执行过程中,又有两种办法:第一种是支出不能超过这个定额数,一旦达到定额,财务部门不予支付,这也叫绝对限额指标控制;第二种是用下达费用指标的方法来实施定额控制,即以是否超过指标来衡量费用支出情况的好坏,并根据指标完成的情况进行及时调整和控制。运用定额控制法进行费用控制的基本步骤是:

首先,制定费用定额。这是一项极其重要的工作。定额制定得过高或过低,都不利于费用的控制,应该在过去一定时期平均实际费用的基础上,考虑未来的变动趋势,经过努力能达到的费用水平,来综合制定费用定额。

其次,进行费用差异分析。就是将实际费用与费用定额的差异找出来,并分析形成差异的原因。找到形成差异的因素后,进一步寻找原因。如何进行分析,将在成本费用成果分析里举例说明,这里不再赘述。

最后,对费用差异实施管理。无论费用定额制定得如何科学,但由于影响企业费用的许多因素都在随时发生着变化,因此,费用差异总是会存在的。管理的目的在于通过对可控差异进行管理,寻找降低费用的有效途径,找出企业可以控制的因素,分清差异形成的责任,提出处理意见。

(5)费用率控制法。

费用率也叫费用水平,是费用额占企业收入的百分比,表明每百元收入开支了多少元费用。费用随着营业收入的增加而相应增加。费用额与营业收入额的对比关系,即费用率的高低,在一定程度上能够衡量费用开支的经济效益。费用率越低,节约费用就越大,经济效益越高,费用控制水平越好。反之,费用控制效果不好。

费用率控制就是核定一定时期各部门费用水平应该是多少,作为硬指标,将执行这个指标和上期水平(或上年同期水平)作为衡量执行定额的好坏,同时与奖惩制度挂钩,以此来推动员工节约费用,提高经济效益。

上述几种费用控制方法是互相配合,互为补充的。在实际工作中,要根据各餐饮企业的规模和特点、组织机构的设置,以及管理工作的需要和条件,灵活掌握运用。只有这样,才能探索出一套适合企业内在特点、针对性强的费用控制体系,以获得理想的费用控制效果,取得良好的经济效益。

十、成本控制中要注意的问题

对餐饮成本进行严格而有效的控制并非成本控制的全部。成本控制尚需注意以下几个问题:

(一)成本控制的全过程性与全面性

成本控制的客体是企业的全部,它应涉及企业中的每一人、每一物。除餐饮、劳务成本外,企业的成本控制还应包括变动成本中的低值易耗品、固定成本中的建筑和设备折旧、财务费用、管理费用,以及半变动成本中的水电费、燃料费等,所有这些都是企业成本控制的对象。

(二)成本控制的全员性

成本控制的主体是企业全体员工。成本控制不仅要靠企业管理人员、财会人员及专职控制人员来实施,还需要全体员工的积极参与。只有如此,成本控制才能得以顺利且有效地实施。员工处于企业的最前线,企业的成本是否控制得好,归根到底取决于员工的个体行为。企业是一个流动性相对较强的行业,老员工的作风极大地影响着新员工的行为,这就需要建立整个企业勤俭节约的文化。特别是在企业开业时形成的一些工作习惯会保留相当长的时间,并且影响着后来的员工。企业文化的建立是一个长期的过程,企业领导的榜样作用非常重要。只有企业的每一位员工都自觉地节约每一张纸、每一滴水、每一度电,企业才能真正地做到低成本良性运转。

(三)成本控制的前提是满足顾客的需要

企业不能为了节省开支而忽略顾客的正常需求和合理所得。在削减费用开支的同时,要考虑顾客的正当权益,考虑其所产生效益的大小。总之,既要杜绝不必要的费用,又不能轻率削减必要的开支。

第三节 餐饮可控费用分析

除了餐饮经营成本外,餐饮企业经营过程中还会产生各种服务用品、办公用品等物品的消耗,餐具等设备的损耗,固定资产的折旧,各项费用的开支和人力的消耗,在财务核算上,统称为餐饮企业的营业费用。营业费用是影响餐饮企业经济效益的另一个重要因素。因此,餐饮企业经营预算的控制绝不能只重视营业成本和营业收入的控制,而忽视对营业费用的控制。

餐饮企业经营的目标就是为了实现经济效益,取得利润的最大化。企业在认真核算餐饮成本的同时,必须努力降低各种费用,包括营业费用、管理费用和财务费用,努力完成和扩大销售计划,以降低成本费用率。费用与利润是一种此增彼减的关系,即费用增加,利润等额降低;费用越低,利润就会越高。企业必须加强对费用的控制管理,增加生产,厉行节约,最大限度地降低企业的费用水平,以增加企业的利润。

一、餐饮可控费用的内容

餐饮费用的控制主要是对可控费用的控制。餐饮可控费用主要包括物料消耗、能源费用和人工费用三个方面。其控制的方法都是以月度为基础,以预算费用消耗额为标准,每月分析实际成本及其与预算消耗额之间的差额,进而分析原因,提出改进措施,达到费用控制的目的。

二、如何降低可控费用

降低可控费用一般应从以下几个方面进行:

(一)制订合理的费用预算并保证其实现

对于餐饮企业的餐茶用品费用,如餐具、茶具、酒具、台布、客用物品、清洁用品等,这些用品部分属于一次性消耗的物品。茶叶、餐巾纸等,大多属于多次性消耗物品。这些物名目繁多,使用分散,容易散失和损耗,难以管理,因此要严格控制各种物料的消耗。对上述费用的控制,首先,要作月度预算或标准费用,并在月度预算的基础上,根据每月消耗核算的统计数字来进行,将每月实际消耗的费用和预算进行比较,即可分析费用差额。在执行预算或标准费用的过程中,要经常注意对费用进行分析和检查,找出影响费用差额的各种因素,及时采取改进措施。

(二)调整人员结构,提高工作效率

人力资源具有技术强、创新能力强、取得成本低、流动性大的特点。"重物资资源,轻人力资源"的思想正逐步被"人力资源是各种资源中最宝贵的第一资源"的观念所替代,企业竞争在于人才的竞争。人工费用既是餐饮成本费用的重要组成部分,又是创造餐饮收入和利润的重要条件。人是生产力中最积极、最活跃的因素。餐饮管理必须坚持以人为本,合理使用人员和安排人工费用消耗。降低招聘成本、离职成本已成为企业控制人力成本的重要环节。有的企业随意解聘员工,实际上反映出管理手段的匮乏和管理水平的低下,也必然导致对人力资源的管理和绩效考评的松懈。如果用成本观念的眼光看待离职的话,员工的离职将会使企业付出高昂的代价,如离职前成本、技术损失、新员工招募及其培训成本。因此,控制人工费用绝不是要减少员工工资待遇和简单地减员,而是要更加科学地组织生产经营服务,合理安排人员结构,提高劳动效率。餐饮人工费用的内容主要包括基本工资,奖金工资、社会统筹、员工福利等。劳动密集型企业的工资和福利费用支出大是一个显著的特征。企业要根据自身规模、经营需要和餐饮管理的特点,制定出符合企业实际的岗位和人员编制,努力做到不设闲岗,不配闲人;要科学合理地使用人力,按照经营需要招聘使用员工,注意使用好"季节工",在经营旺季时可扩招

员工，旺季过后要及时解聘。在岗人员工作量要满负荷，防止苦乐不均；要建立科学合理的分配制度，根据不同岗位的特点，采取岗位工资、效益工资、计件计时工资与奖励提成工资相结合的分配形式，使工资真正成为调动员工积极性的有力杠杆。其控制的方法是以月度为基础，根据月度预算和各月实际需要来调整用工计划。

(三) 节约用水电、燃料

餐饮能源消耗包括水电费、燃料费等费用。随着能源价格不断上涨，能耗比较大的餐饮企业一定要作好节能工作。企业要加大科技开发能源的力度，采用空调余热技改、太阳能和热泵等降低电和油的消耗；要重视提高设施设备的节能效果，将老式锅炉更换成节能型锅炉和热水炉；选用节能型照明器材。餐饮水电和燃料消耗属于餐饮营业费用的范围，在餐饮管理中，这些费用都是每月事先做出费用预算，形成标准费用，然后每月核算实际消耗额与标准费用比较，对费用差额进行分析，并采取有力、可行的措施，厉行节约。

(四) 加强设施设备的维修保养，提高利用率

建立和健全财产管理制度，按类或分部门进行财产保管，加强保管和使用责任制。加强各种设施设备的维修保养，可以延长设施、设备的使用寿命，提高利用率，降低设备费用的支出，也能相对减少折旧费的提取以及修理费用、租赁费、零星购置费用等。

(五) 在降低行政费用上下功夫

行政费用包括办公、业务招待、交通、差旅等方面费用，如何把这些费用控制好，对降低餐饮企业的经营成本费用至关重要。企业管理者要严格控制业务招待费用，采取指标包干的形式，签单权力集中在主管领导身上，接待应严格根据经营和业务的需要，既要热情，又要防止铺张浪费；要严格控制办公费用，尽量做到少开会、开短会；办公用具的领取和使用要实行登记统计制度，打印、复印各种文件材料要注意节约纸张，提高纸张的重复使用率；要严格控制交通费用，工作用车要严格执行审批和登记制度，对车辆维修、加油、路桥等费用要加强监督和检查；要严格控制差旅费用，出差人员应按规定乘坐交通工具，给予出差补贴，报账时应严格把关。

(六) 全员参与，努力扩大销售

销售收入是企业利润的主要来源。企业经济效益的好坏，既取决于该企业成本费用的高低，也取决于销售收入的高低。企业通过提高服务质量，扩大销售额，虽然会引起费用总额的增加，但会引起费用率的下降，从而提高利润率，增加企业的利润。某餐饮企业全年销售情况如表5-25。

表 5-25　某餐饮企业全年销售情况

单位:元

全年销售额	全年成本	成本率	全年费用	费用率	利润率	年利润
5 000 000.00	2 250 000.00	45%	2 150 000.00	43%	12%	600 000.00
6 000 000.00	2 700 000.00	45%	2 400 000.00	40%	15%	900 000.00

企业开发的不是产品,而是市场。营销不完全是专职营销人员、营销经理、公关部经理的事,而是全体员工应该参与的活动,应做到全员参与。比如,餐厅服务员和厨房工作人员与顾客接触最多,促销机会最多,达成交易可能性最高,特别是餐厅服务人员,应利用这种优势,积极推广本企业的菜点,向顾客大力推销酒水,以提高顾客的消费额,从而达到企业的营销目标。

第四节　成本核算成果的分析

一、餐厅营业收入的分析

餐厅营业收入是进行经营分析的一项基本指标。它的大小决定了餐厅利润的大小,也反映出餐厅的经营规模和水平。通过对餐厅营业收入状况进行分析,既可及时发现经营中存在的问题,找出造成营业收入下降的原因,巩固已有的业绩,又能为下期确定新的经营目标提供依据。

(一)饮料的销售收入分析

虽然饮料的销售收入在餐饮总收入中所占比重不大,但是如果能采取有效的措施扩大饮料的销售收入,可使利润有较大的增加。这是因为饮料的毛利率比餐饮产品的毛利率高。如,某饭店一餐厅 2016 年 8 月与 2015 年 8 月饮料销售收入的情况见表 5-26。

表 5-26　一餐厅 8 月份饮料销售收入比较表

品种	2016 年 8 月销售收入(元)	占总收入 %	2015 年 8 月销售收入(元)	占总收入 %	差异	
					绝对值(元)	百分比(%)
一、软饮料	43 200.00	22.71	48 780.00	29.64	-5580.00	-11.44
其中:国产	14 000.00	7.36	18 820.00	11.44	-4820.00	-25.61
进口	29 200.00	15.35	29 960.00	18.20	-760.00	-2.54

续表

品种	2016年8月销售收入(元)	占总收入%	2015年8月销售收入(元)	占总收入%	差异 绝对值(元)	差异 百分比(%)
二、酒类	147 000.00	77.29	115 800.00	70.36	31 200.00	26.94
其中：鸡尾酒	79 000.00	41.54	42 600.00	25.88	36 400.00	85.45
零杯酒	26 400.00	13.88	35 000.00	21.27	−8600.00	−24.57
整杯酒	41 600.00	21.87	38 200.00	23.21	3400.00	8.90
合计	190 200.00		164 580.00		25 620.00	15.57

以上数字表明，饮料销售收入2016年8月比2015年8月增加了25 620元，增长率15.57%。造成收入增加的主要原因是由于酒类销售收入增加了31 200元，而酒类销售中又主要是鸡尾酒销售量增加，仅此一项就增加销售收入36 400元，增长85.45%。但值得注意的是在饮料销售收入中，软饮料销售收入减少了5580元，下降了11.44%，其中国产软饮料下降幅度最大，为25.61%。

通过分析可以看出，要增加饮料的销售收入，采取措施努力扩大软饮料的销售量，特别是要增加国产饮料的销售量，这是扩大利润的一个重要增长点。同时对于收入增加较多的鸡尾酒要继续搞好销售服务，提高档次，增加品种，以便更好地满足客人需要的同时增加饮料的销售收入。

（二）餐饮产品销售收入分析

餐饮产品销售收入是餐饮企业收入的主要来源，这里的收入是指在餐厅就地消费的那部分收入，不包括外卖等收入。构成餐饮产品销售收入的因素主要有以下三个方面：

（1）餐位数。指餐厅一次能容纳多少客人同时就餐的座位数。

（2）餐位周转率。指每餐时间或一天之中，每个餐位使用了多少次。餐位数只能说明能容纳多少人就餐，却不能说明实际就餐的人次。为了便于分清主客观原因，要用餐位数量和餐位利用率共同来说明餐厅的就餐人次。一般情况下，餐位数是个常量，是客观因素；餐位利用率则是主观因素，经营管理好，餐位周转率就高，反之，餐位周转率就低。为增加营业收入，必须从主观上努力提高餐位的周转率。

$$餐位周转率 = 就餐人次 \div 餐位数 \times 100\%$$

如计算一天之中午餐和晚餐的餐位平均周转率，可按以下公式计算：

$$每次餐位的平均周转率 = 一天就餐人次 \div (餐位数 \times 2) \times 100\%$$

为提高餐位的周转率,必要时在征得客人的同意前提下将不统一付费的客人安排在同一张餐桌就餐。撤台次数越多,餐位的周转率就越高。所以,分析餐位周转率和经营状况的一项十分重要的指标便是撤台数。

(3)人均消费水平。指每位客人的消费能力。客人消费水平越高,餐厅的收入越多。所以每个餐位的平均消费水平可以用公式表示:

人均消费水平=餐厅销售收入÷就餐人次

故餐厅的餐饮产品销售收入可用公式表示:

餐厅销售收入=餐位数×餐次×计算期天数×餐位周转率×人均消费水平

通过下例,说明如何分析餐厅销售收入的情况(见表 5-27)。

表 5-27　一餐厅销售收入对照表

项目	2015 年 8 月	2016 年 8 月	差异
餐位数	600	600	—
计算期天数	31	31	—
餐位周转率	180%	200%	20%
人均消费水平	35	40	5
月销售收入	1 171 800.00	1 488 000.00	316 200.00

从上表可看出,该餐厅 2016 年 8 月的销售收入比 2015 年 8 月增加了 316 200.00 元,增长了 26.98%。导致销售收入增加的原因是餐位周转率和人均消费水平发生了变化。

(1)餐位周转率因素的影响:

600×31×(200%-180%)×35=130 200.00(元)

表明由于餐位周转率的提高,使销售收入额比上年同期增加了 130 200.00 元。

(2)人均消费水平因素的影响:

600×31×200%×(40-35)=186 000.00(元)

表明由于人均消费水平的增加,使销售收入额比上年同期增加了 186 000.00 元。

综合以上两项因素,2016 年 8 月的销售收入比 2015 年 8 月增加了 316 200.00 元。

从上面的分析可以看出,2016 年 8 月份餐厅的销售收入情况是良好的:餐饮销售收入比上年同期增长了 26.98%。其中,餐位周转率的提高说明餐厅对顾客的吸引力增强了,就餐的人数增多了,这是餐厅改善经营管理的结果。人均消费水平的提高也是由多方面因素造成的,至少有以下三方面的原因:一是餐厅通过主观努力,采取有效的营销手段和方式推销产品;二是主观上通过提高餐饮产品的档次,增加餐饮产品的品种,使每位顾客增加了消费额;三是客观原因,即由于物价上涨导致餐饮产品价格的上升。因此在分析评价时,要对消费水平的变化作进一步的分析,以分清主客观原因的影响。

二、餐厅成本费用分析

做好经营预算的编制、控制和考核分析工作,是餐饮企业管理人员的主要职责之一。在完成预算的编制和实施控制之后,企业经营预算管理中最重要也是最有意义的一项工作就是对预算结果进行考核。通过对预算控制结果进行考核与分析,可以衡量经营绩效,检查各项控制措施的实施情况,发现经营管理中存在的问题,以便采取有效的措施,改进下一个经营周期的经营管理工作,逐步提高餐饮企业的经营管理水平。餐饮成本费用预算控制的考核一般有以下四个步骤:

(1)确定标准成本率或标准费用率。

标准成本率=标准营业成本÷标准营业收入×100%

标准费用率=标准营业费用÷标准营业收入×100%

(2)计算实际成本率或实际费用率。

实际成本率=实际营业成本÷实际营业收入×100%

实际费用率=实际营业费用÷实际营业收入×100%

其中,实际营业收入可从当期利润表中取得,实际营业成本数据则可从餐饮成本月报表中取得,或通过以下公式计算实际成本:

实际营业成本=直接购入成本+仓库领用成本+内部调入成本-内部调出成本
-员工用餐餐饮产品成本-招待用餐餐饮产品成本-员工购买
餐饮产品收入-下脚料销售收入-其他杂项扣除

(3)比较标准成本率和实际成本率,或标准费用率和实际费用率,了解预算控制结果。

将成本费用预算执行的实际结果与预算进行比较,能考核餐饮企业成本费用控制的质量,了解实际成本(费用)率与标准成本(费用)率之间的差异。但只进行实际成本(费用)率与标准成本(费用)率的比较,无法发现差异存在的具体原因,而需要进一步分析。

(4)对预算控制的结果进行分析,找出差异的真正原因和相关因素,找到具体责任人,提出今后改进经营管理的措施,以提高餐饮企业经营管理水平。一般采用因素差异法进行。其步骤是:

①确定影响预算数据变动的相关因素,并列出关系式。

②对相关因素进行分析,确定相关因素的排列顺序,并按顺序对相关因素进行替代。

③计算各相关因素对预算数据变动的影响大小。

④分析差异存在的原因,并提出改进建议,或总结出成功经验进行推广。

[**例1**] 某餐厅2015年标准营业成本为1 200 000.00元,其标准单位原料成本为40.00元/人,标准就餐人次为30 000人;实际营业成本是1 260 000.00元、实际单位原料成本为45.00元/人、实际就餐人次为28 000人。试对成本因素差异进行分析。

解:(1)该餐厅实际营业成本=实际单位原料成本×实际就餐人次
$$=45.00×28\ 000=1\ 260\ 000.00(元)$$

(2)用标准单位原料成本替代实际单位原料成本

营业成本1=标准单位原料成本×实际就餐人次
$$=40.00×28\ 000=1\ 120\ 000.00(元)$$

(3)用标准就餐人次进一步替代实际就餐人次

营业成本2=标准单位原料成本×标准就餐人次
$$=40.00×30\ 000=1\ 200\ 000.00(元)$$

(4)计算各因素的变动对变动结果的影响程度

①单位原料成本因素的影响

实际营业成本−营业成本1=1 260 000.00−1 120 000.00=140 000.00(元)

即:该餐厅由于实际单位原料成本高于标准单位原料成本5元,使实际营业成本高于预算营业成本额140 000.00元,超过了预算开支140 000.00元。

②就餐人次因素的影响

营业成本1−营业成本2=1 120 000.00−1 200 000.00=−80 000.00(元)

即:该餐厅由于实际就餐人次比预算中的就餐人次少了2000人次,使实际营业成本低于预算营业成本额80 000.00元,比预算节约了80 000.00元。

由于单位原料成本和就餐人次两个因素的共同影响,该餐厅实际营业成本比预算中的标准营业成本增加了1 260 000.00−1 200 000.00=60 000.00元。

[**例2**] 某餐厅2015年标准营业收入为2 000 000.00元,其标准营业费用率为25%,标准营业费用为500 000.00元;实际营业收入是2 200 000.00元,其实际营业费用率为24%,实际营业费用为528 000.00元,试对营业费用因素差异进行分析。

解:(1)该餐厅实际营业费用=实际营业费用率×实际营业收入
$$=24\%×2\ 200\ 000.00=528\ 000.00(元)$$

(2) 用标准营业费用率替代实际营业费用率

营业费用 1 = 标准营业费用率 × 实际营业收入
= 25% × 2 200 000.00 = 550 000.00(元)

(3) 用标准营业收入进一步替代实际营业收入

营业费用 2 = 标准营业费用率 × 标准营业收入
= 25% × 2 000 000.00 = 500 000.00(元)

(4) 计算各因素的变动对变动结果的影响程度

① 营业费用率因素的影响

实际营业费用 − 营业成本 1 = 528 000.00 − 550 000.00 = −22 000.00(元)

即：该餐厅由于实际营业费用率低于标准营业费用率 1%，使实际营业费用低于预算营业费用额 22 000.00 元，节约预算开支 22 000.00 元。

② 营业收入因素的影响

营业费用 1 − 营业费用 2 = 550 000.00 − 500 000.00 = 50 000.00(元)

即：该餐厅由于实际营业收入高于预算中的营业收入 200 000.00 元，使实际营业费用高于预算营业费用额 50 000.00 元，超过预算开支 50 000.00 元。

由于营业费用率和营业收入两个因素的共同影响，该餐厅实际营业费用比预算中的标准营业费用增加了 50 000.00 − 22 000.00 = 28 000.00 元。

成本费用是企业的一项重要经济指标。企业经济效益的好坏，既取决于该企业收入的多少，也取决于成本费用的高低。对餐厅来讲，经营成本费用的大小，不仅仅影响利润，而且还影响到与其他餐厅的竞争，成本费用越低，竞争的主动性越大。在收入相等的情况下，成本费用越低，盈利越多。从这个角度来说，对成本费用进行分析，寻找降低成本费用的方法，是提高餐厅经济效益的基本手段。

（一）餐饮产品成本分析

构成餐厅费用支出的有直接成本与营业费用两部分。直接成本是指餐厅耗用的餐饮原材料、调味品和配料的支出。餐厅直接成本的高低不仅与餐饮产品的制作有关，而且与顾客的人均消费水平有直接关系。顾客的人均消费水平高，餐饮产品菜肴的成本就高，反之成本就低。

1. 实际成本与标准成本比较

标准成本率是企业应努力实现的目标。餐饮产品成本率是以每份菜肴的成本除以售价计算的，但不同的菜肴，其标准成本不同，需要将不同产品的成本率计算加权平均标准成本率，以便与实际产品成本率进行比较，见表 5-28。

表 5-28 某餐厅标准产品成本计算表

单位:元

菜肴名称	销售量	单位售价	销售额	单位标准成本	标准成本总额	标准成本率
A	150	100.00	15 000.00	65.00	9750.00	65%
B	66	58.00	3828.00	38.00	2508.00	65.5%
C	10	25.00	250.00	12.00	120.00	48%
合计			19 078.00	—	12 378.00	64.88%

表中 A、B、C 三种菜肴的标准产品成本率分别为 65%、65.5%、48%,则平均标准成本率 = 12 378.00÷19 078.00×100% = 64.88%。

例如,某企业餐厅 2015 年 6 月份实际销售额为 22 000.00 元,实际成本为 13 332.00元,那么,对该餐厅的成本可作以下分析:

(1) 实际成本与标准成本差异额 = 13 332.00 − 12 378.00 = 954.00(元)

(2) 实际成本率 = 13 332.00÷22 000.00×100% = 60.6%

(3) 成本率因素对成本的影响:

$$19\ 078.00 \times (60.6\% - 64.88\%) = -816.60(元)$$

说明成本率的降低使实际成本比标准成本减少 816.60 元。

(4) 销售额因素对成本的影响:

$$(22\ 000.00 - 19\ 078.00) \times 60.6\% = 1770.70(元)$$

说明销售额的增加,使成本增加 1770.70 元。

以上两个因素综合影响,导致实际成本比标准成本增加 −816.70 + 1770.70 = 954.00 元。

[例] 某餐饮企业本月下夹心面包 30 000 只,实际耗用面粉 3300 千克,面粉实际单价 6.40 元/千克;单位标准用料为 0.1 千克,每千克面粉的标准价格为 6.00 元/千克,试对原料成本差异作分析。

解:(1) 实际成本与标准成本的差异

$$3300 \times 6.40 - 30\ 000 \times 0.1 \times 6.00 = 21\ 120.00 - 18\ 000.00 = 3120.00(元)$$

(2) 面粉单价因素对成本的影响

$$3000 \times (6.40 - 6.00) = 1200.00(元)$$

说明面粉单价提高使成本增加 1200.00 元。

（3）面粉耗用量因素对成本的影响

（3300－3000）×6.40＝1920.00（元）

说明面粉耗用量增加使成本增加1920.00元。

综合上述两因素，共使成本增加3120.00元。

2．本期成本与历史先进水平（或同行业先进水平）比较

历史先进成本水平是企业曾经取得绩效较好的成本水平，是本企业通过努力后可以达到的成本水平；同行业、同档次的先进成本水平是本企业成本管理的榜样，也是本企业成本管理工作追求的目标。因此，可以将本期的成本水平与历史先进水平或同行业先进水平比较，找到差距和努力的方向，提高成本管理水平。

3．实际成本与预测成本比较

为了能为管理人员迅速提供有关信息，需要经常对预测成本和实际成本进行计算，编制预测成本和实际成本计算表（见表5－29）。

表5－29　某餐厅预测成本和实际成本计算表

单位：元

菜肴	总销量		每份价格		销售额		每份成本		成本总额		成本率	
	预测	实际	预测	实际	预测	实际	预测	实际	预测	实际	预测	实际
A	100	150	120.00	100.00	12 000.00	15 000.00	60	65	6000	9750	50%	65%
B	50	66	70.00	58.00	3500.00	3828.00	35	38	1750	2508	50%	65.5%
C	50	10	25.00	25.00	1250.00	250.00	10	12	500	120	40%	48%
合计					16 750.00	19 078.00	—	—	8250	12 378	49.25%	64.88%

（1）确定标准成本率。在确定了每份标准分量菜肴的标准成本和售价之后，进行销售预测。销售量预测准确与否，直接影响标准成本率的高低，因而，它必须是在综合考虑各种因素下才会精确。其次，计算各菜肴标准成本率。每份菜肴的成本可以根据标准菜谱和成本卡记录的资料进行计算，标准成本率是每份菜肴的标准成本与售价之比。最后，计算标准成本总额和营业收入总额，确定标准成本率。各种菜肴的标准生产总成本为每份菜肴标准成本与预计销售量的乘积。各种菜肴的标准生产总成本之和是所有菜肴的标准成本总额。用同样的方法可计算各种菜肴的总销售量。总销售额之和为所有菜肴的营业收入总额。用标准成本总额除以预计的销售收入总额，可求出标准成本率。依表5－29，标准成本率＝8250.00÷

16 750.00＝49.25%。

（2）确定实际成本率。根据销售记录，在表中填入各种菜肴的实际销售份数，然后，根据每份菜肴的成本和售价与售出份数的乘积，分别求出各种菜肴的实际成本和总销售额。依据表5-29得，实际成本率＝12 378.00÷19 078.00＝64.88%。

（3）对预测的标准成本率与实际成本率进行比较。两者比较会存在一定的差异。产生差异的原因是预测的总销售量通常不可能与实际总销售量完全相同，某些菜肴的销售量低于预测销售量等。如果某些菜肴的实际销售量高于预测数，管理人员应分析厨房员工是否严格地执行生产计划。虽然销售量增加可给企业增加销售额，但是，如果厨房员工未按规定的生产目标进行生产，则表明某一控制程序没有起到应有的作用。如果总份数是正确定的，每一份的分量不足，也可能增加实际售出的份数，但这会引起顾客的不满，甚至会失去顾客。因此，管理人员应对差异进行分析，尽量使预测接近实际，充分发挥销售预测在制定经营目标、指导生产计划工作方面的作用。

（4）分析因素变化对成本的影响。从表5-29得知，该餐厅的实际成本比预测成本增加12 378.00－8250.00＝4128.00元。导致成本增加的原因是销售额和成本率发生了变化。

①成本率因素的影响：
$$16\ 750.00×(64.88\%-49.25\%)=2618.00(元)$$
说明实际成本率提高使实际成本额增加2618.00元。

②销售额因素影响：
$$(19\ 078.00-16\ 750.00)×64.88\%=1510.00(元)$$
说明销售额增加使实际成本增加1510.00元。

综合以上两因素使实际成本增加4128.00元。

餐厅实际成本增加的原因是销售额和成本率增加。虽然销售额提高了19 078.00－16 750.00＝2328.00元，但同时实际成本也比预测成本增加了4128.00元，表明该餐厅在成本降低方面仍有很大的空间。可能厨房人员没有严格按照标准菜谱的用料要求执行，投料过多，甚至某一控制程序执行不力，导致成本增加。A、B、C三种产品的实际成本均超过预测成本，尤其C产品在实际销售量大大低于预测销售量的情况下，单位实际成本也比预测成本高，管理人员应深入调查了解，查明原因，也可对每一种品的菜肴作更详细的分析。

4．实际毛利率与预计毛利率比较

从实际毛利率与预计毛利率的差异可以看出市场需求的变化。毛利率下降，但是营业额上升，使最终利润达到预计目标。因此，管理者应适当提高标准成本率，降低毛利率。

（二）餐厅费用分析

营业费用包括固定费用和可变费用。这里仅对可变费用进行分析。某餐厅2015年8月和2016年8月可变费用如表5-30所示。

表5-30　一餐厅费用对照表

单位：元

项目	2015年8月	2016年8月	差异
水费	23 000.00	22 600.00	-400.00
电费	29 200.00	33 400.00	+4200.00
燃料	28 600.00	28 000.00	-600.00
物料用品	14 400.00	14 600.00	+200.00
运杂费	13 000.00	13 800.00	+800.00
原料损耗	800.00	1000.00	+200.00
合计	109 000.00	113 400.00	+4400.00

从表5-30可看出，该餐厅2016年8月份的可变费用比上年同期增加了4400.00元，增长了4.04%。但简单用费用绝对值来判断该餐厅费用控制的好坏是不适合的，因为这些可变费用的大小与餐厅接待量的多少有直接关系。随着接待量的增加，销售收入不断上升，可变费用随着增加也是正常的。因而，要运用到费用率指标，将费用与销售收入综合起来进行分析才能找到答案。这里的费用率，是指餐厅的可变费用与餐厅的销售收入之比，其公式为：

费用率＝餐厅可变费用÷餐厅产品销售收入×100%

该公式表明每100元的销售收入所发生的可变费用额，费用率越低，说明实现一定销售收入所发生的费用越少，费用控制越好。

依表5-30的资料，又假如该餐厅餐位数600个，2015年8月座位周转率为180%，人均消费水平35.00元，月销售收入1 171 800.00元；2016年8月座位周转率为200%，人均消费水平40元，月销售收入1 488 000.00元。则该餐厅2015年8月的费用率为109 000.00÷1 171 800.00×100%＝9.30%，而2016年8月的费用率为113 400.00÷1 488 000.00×100%＝7.62%，可见2016年8月的费用率比上年同期下降了1.68%。

用费用率来分析餐厅的费用,虽然比用总额绝对值进行分析前进了一步,但是仍存在一定的局限性。因为费用率指标是两项指标共同作用的结果,在费用一定的情况下,它会随着销售收入的增加而下降,而销售收入又会受顾客人均消费水平的影响。顾客人均消费水平高,营业收入就会增加,费用率就下降,这就掩盖了费用变化的真实情况,从而不能发现问题的所在。为了避免这些因素的影响,可对收入进行相应的调整,让进行比较的两期人均消费水平统一在一个水平上,使费用率只反映费用变化的影响。为此,可以用2015年8月顾客人均消费水平替代2016年8月顾客人均消费水平,调整计算出2016年8月的销售收入为1 302 000.00元。用调整后的销售收入计算出的费用率为113 400.00÷1 302 000.00×100%=8.71%。用计算的费用率与2015年8月份的费用率进行比较,发现费用率并非下降了7.62%-9.30%=1.68%,而是只下降了8.71%-9.30%=0.59%,这是费用变化的真实反映。如果进一步分析费用率上升的原因,还需要对各项费用进行分析,找出原因。从表5-30中可以看出,该餐厅多数的费用项目,都有不同程度的增加。这说明餐厅在这些可控费用项目上仍有不足的地方,今后应加强管理,减少损失或浪费。对其他费用也要寻找费用上升的原因,找出主观努力不足的地方加以改进。

三、餐厅营业利润分析

利润是企业经营的最终成果,是检验企业经营状况,反映经营管理水平的综合指标。进行利润分析的目的,就在于找出影响利润大小的因素及影响程度,并在此基础上找出增加盈利或扭转亏损的努力方向。

餐厅利润的计算公式为:

餐厅利润=餐厅销售收入-餐厅成本-餐厅营业费用-税金
=(餐位数×计算期天数×餐位周转率×人均消费水平)×(毛利率-税率)-营业费用

从公式中可以看出,餐厅利润的大小,取决于餐位数的多少、餐位周转率的高低、人均消费水平、毛利率高低、税金及营业费用的多少。在这些因素中有些是常量,如餐位数和税率,毛利率虽然也在变化但不能无限制地提高,因为毛利率提高就意味着成本率的下降,会影响到顾客的利益和餐厅的声誉。最有潜力可挖的还是餐位周转率和人均消费水平及营业费用。某饭店一餐厅2015年8月和2016年8月利润分析表如表5-31所示。

表 5-31　一餐厅利润分析表

项目	2015年8月	2016年8月	差异
餐位数	600	600	—
计算期天数	31	31	—
餐位周转率	180%	200%	+20%
人均消费水平(元)	35.00	40.00	+5
毛利率	48%	50%	+2%
可变费用(元)	109 000.00	113 400.00	+4400.00
固定费用(元)	300 000.00	300 000.00	—
税率	0.3%	0.3%	—
利润(元)	149 948.60	326 136.00	+176 187.40

（1）餐位周转率因素的影响：

　　　$600×31×(200\%-180\%)×35.00×(48\%-0.3\%)=62\,105.40$（元）

说明由于餐位利用率提高,使利润增加 62 105.40 元。

（2）人均消费水平因素的影响：

　　　$600×31×200\%×(40.00-35.00)×(48\%-0.3\%)=88\,722.00$（元）

说明由于人均消费水平因素的提高使利润增加 88 722.00 元。

（3）毛利率因素的影响：

　　　$600×31×200\%×40.00×(50\%-48\%)=29\,760.00$（元）

说明由于毛利率的提高使利润增加 29 760.00 元。

（4）营业费用因素的影响：

　　　$413\,400.00-409\,000.00=4400.00$（元）

说明由于营业费用增加使利润减少 4400.00 元。

综合以上各项影响因素使利润增加 62 105.40+88 722.00+29 760.00-4400.00=176 187.40 元。

促使该餐厅经营利润增加的主要因素,是餐位周转率和人均消费水平。这里的餐位周转率虽然有所提高,但提高的幅度不大,仍有很大的潜力可挖。如果经营得当、调配得当,周转率还可提高。人均消费水平的进一步提高可以通过增加品种、加强高档菜肴的推销工作来实现。

以上仅分析了一个餐厅的利润变化的情况,实际在饭店中不只一个餐厅,而是有多个餐厅。餐厅的经营场所和经营方式不同,其毛利率是不同的,从而盈利水平也是不同的。各餐厅营业收入在企业总收入中所占的比重发生变化,也会影响到餐饮利润的高低,也称作收入结构变化的影响。

某企业第二餐厅的经营状况如下:

2015年8月份:营业收入658 000.00元,毛利率46%,营业费用154 000.00元;

2016年8月份:营业收入665 000.00元,毛利率48%,营业费用158 500.00元。则:

2015年8月份的利润=658 000.00×46%−154 000.00=148 680.00(元)

2016年8月份的利润=665 000.00×48%−158 500.00=160 700.00(元)

2015年8月份两餐厅总利润=149 948.60+148 680.00=298 628.60(元)

2016年8月份两餐厅总利润=326 136.00+160 700.00=486 836.00(元)

2015年8月份两餐厅总收入=1 171 800.00+658 000.00=1 829 800.00(元)

2016年8月份两餐厅总收入=1 488 000.00+665 000.00=2 153 000.00(元)

2015年8月份两餐厅利润率=298 628.60÷1 829 800.00=16.320 286%

2016年8月份两餐厅利润率=486 836.00÷2 153 000.00=22.611 983%

2016年8月份两餐厅利润比上年同期增加486 836.00−298 628.60=188 207.40元,利润率增长了22.611 983%−16.320 286%=6.291 697%

造成利润总额发生变化的原因,就是前面分析的每个餐厅利润额发生变化的原因。如果将上面分析的原因简化一下,就是收入、毛利率及营业费用的影响,或者更简单地说表现为收入和利润率变化的影响。此外还有一个原因,就是餐饮收入结构的变化,即各个餐厅收入在总收入中所占比重发生变化。反映收入结构变化给利润带来影响的因素就是利润率的高低,测定这种影响的程度是用报告期收入利润率与比较期收入利润率之差,乘以报告期收入总额。不过导致利润率变化的原因除了收入结构以外,还有各项收入毛利率和营业费用的变化。因此,要在上述数值中扣除各种餐厅的毛利率变化和变化的影响以后,求出结构变化的影响值,用公式表示则为:

收入结构变化对利润的影响=报告期收入总额×(报告期收入利润率−比较期收入利润率)−毛利率变化的影响−营业费用变化的影响

(1)收入总额因素对利润的影响:

收入总额因素对利润的影响=(报告期总收入−比较期总收入)×比较期利润率
=(2 153 000.00−1 829 800.00)×16.320 286%
=52 747.16(元)

说明由于收入总额变化使利润总额增加52 747.16元。

（2）毛利率因素对利润的影响：

一餐厅毛利率的变化使利润增加 29 760.00 元。

二餐厅毛利率变化对利润的影响为：

$$665\ 000.00 \times (48\% - 46\%) = 13\ 300.00(元)$$

说明两个餐厅毛利率变化共使利润增加 43 060.00 元。

（3）营业费用对利润的影响：

由于营业费用的增加使利润减少 4400.00+4500.00=8900.00（元）。

（4）收入结构变化对利润的影响：

$2\ 153\ 000.00 \times (22.611\ 983\% - 16.320\ 286\%) - 43\ 060.00 - (-8900.00) =$
$101\ 300.24$（元）

说明由于收入结构对利润的影响使利润增加了 101 300.24 元

综合以上各项因素的影响共使利润增加了 188 207.40 元，即：

$$52\ 747.16 + 43\ 060.00 + (-8900.00) + 101\ 300.24$$
$$= 188\ 207.40(元)$$

本章小结

本章主要介绍了餐饮利润、餐饮利润率的计算，学习了如何提高企业的经济效益，重点学习了餐饮成本费用控制方法的运用。其中餐饮成本费用控制是餐饮成本核算的落脚点和最终目的，需要主要掌握餐饮原料采购成本、餐饮原料存储成本、餐饮产品生产成本、餐饮房屋设施设备与器具成本、营销成本、餐饮用工成本和经营费用的控制方法。费用包括营业费用、管理费用和财务费用三部分。对费用的控制主要是对可控费用进行控制。

阅读材料

管理者必看的经典故事

故事1 扁鹊的医术

魏文王问名医扁鹊说："你们家兄弟三人都精于医术，到底哪一位最好呢？"

扁鹊答说："长兄最好，中兄次之，我最差。"

文王再问："那么为什么你最出名呢？"

扁鹊答说:"我长兄治病,是治病于病情发作之前。由于一般人不知道他事先能铲除病因,所以他的名气无法传出去,只有我们家的人才知道。我中兄治病,是治病于病情初起之时。一般人以为他只能治轻微的小病,所以他的名气只及于本乡里。而我扁鹊治病,是治病于病情严重之时。一般人都看到我在经脉上穿针管来放血、在皮肤上敷药等大手术,所以以为我的医术高明,名气因此响遍全国。"

文王说:"你说得好极了。"

心得:

事后控制不如事中控制,事中控制不如事前控制,可惜大多数的经营者均未能体会到这一点,等到错误的决策造成了重大的损失后才开始弥补,有时是亡羊补牢,为时已晚。

故事 2　曲突徙薪

有位客人到某人家里做客,看见主人家的灶上烟囱是直的,旁边又有很多木材。

客人告诉主人说,烟囱要改弯,木材须移去,否则将来可能会有火灾,主人听了没有做任何表示。

不久主人家里果然失火,四周的邻居赶紧跑来救火,最后火被扑灭了,于是主人烹羊宰牛,宴请四邻,以酬谢他们救火的功劳,但是并没有请当初建议他将木材移走、烟囱改弯的人。

有人对主人说:"如果当初听了那位先生的话,今天就不会发生火灾,也不用准备筵席,现在论功行赏,原先给你建议的人没有被请,而救火的人却成为座上客,真是很奇怪的事呢!"

主人顿时省悟,赶紧去邀请当初给他建议的那个客人来吃酒。

心得:

一般人认为,足以摆平或解决企业经营过程中的各种棘手问题的人,就是优秀的管理者,其实这是有待商榷的,俗话说:"预防重于治疗",能防患于未然之前,更胜于治乱于已成之后。由此观之,企业问题的预防者,其实优于企业问题的解决者。

阅读材料

旅游饭店成熟期成本控制的观念及策略

作为旅游业主体之一的饭店业逐渐走向成熟期,但其微观效益低下日益凸现,业绩连年下滑,处于惨淡经营状态,这其中固然有餐饮产业化和工业化程度不高、特色经营能力弱等原因,但由于管理疏漏或观念陈旧造成饭店利润损失是不争的事实,也是我国饭店业不景气的客观原因。转变观念和寻求饭店业的成本管理方式,以完善企业的经营管理,已成为饭店业主和餐饮理论界关注的热点。

一、旅游饭店成熟期应树立的几种成本控制观念

1."微利竞争"观念

随着旅游企业逐步进入成熟期,顾客要求企业降低价格、提高质量和服务水平,同业竞争日趋激烈,旅游饭店的利润率有着向社会平均利润率接近的趋势。主导饭店的产品如空调、计算机等更新换代速度加快,企业的设备使用周期缩短,从而间接提升了饭店业实际的经营成本,企业利润正逐步进入微利时代,因此长期以来按高额利润目标确定的企业成本率很有必要做相应的调整。

2."以顾客为中心"观念

一些企业在成本控制上存在某些错误观念,认为企业餐饮成本率越低越好。许多人往往对成本控制存在一种误解,认为控制成本就是降低成本率,事实上这是对企业成本控制的片面理解。我们所说的优质,包括优质产品和优质服务,并非高成本的原料就能生产出优质产品,也并非低成本原料就不能生产出优质产品,餐饮成本要有一个合理的水平,一些饭店为了降低成本一味降低产品质量而损害消费者利益,最终使企业失去公众信誉和自身的市场。二是认为企业餐饮是高档消费场所,高价格、高毛利才体现企业的档次,其实这也是一种误解,企业餐饮的高档次主要体现在它为客人提供的优质服务和各种菜肴的新奇特方面,而不是价格。随着饭店业逐步走向成熟,产品和服务在企业间的差异在缩小,客观上要求企业围绕顾客的需要不断地创新菜点和创新服务,提供异质产品和异质服务,吸引更多的顾客,努力创产品品牌。品牌就是优质的体现。

3."餐饮规模并非效益"观念

饭店业存在着许多特殊性,表现在它是集生产、消费、服务职能于一体的零售业,规模越大投入就越多,而这种高投入是以高成本的运转为代价的,短期回收资金难度大,且投资存在很大的风险:产品多为手工单件制作,有技术而无专利;饭店业多为手工作坊,难以形成统一的现代化生产及管理;品牌的市场生命周期有限。诸多的特殊性决定了餐饮规模并非就是效益。需对旅游饭店企业的规模作适当控制,注意资源的合理配置,克服盲目造"餐饮航母"的做法。

4."超值服务是浪费"观念

我们提倡在降低餐饮成本的基础上尽可能为顾客提供超值服务,但不符合客人需求的所谓超值服务是一种浪费,"二星价格,三星设施、四星服务"的做法,最终会导致企业成本增加和资源浪费,造成营业收入与营业成本的不匹配,其实质就是企业将部分合理利润转嫁给那些非目标市场的"客源"。首先要做好本企业的

市场定位工作,选择好自己的目标市场,不能盲目吸引那些不适合自己企业的客人,否则就是一种资源浪费,不利于企业的长远经营。

5."人力第一资源"观念

企业的人力资源具有技术强、创新能力强、取得成本低、流动性大的特点。"重物资资源,轻人力资源"的思想正逐步被"人力资源是各种资源中最宝贵的第一资源"的观念所替代,企业竞争在于人才的竞争。降低招聘成本、离职成本已成为企业控制人力成本的重要环节,有的企业随意解聘员工,实际上反映出管理手段的匮乏和管理水平的低下,也必然导致对人力资源管理和绩效考评的松懈。如果用成本观念的眼光看待离职的话,员工的离职将会使企业付出高昂的代价,如离职前成本、技术损失、新员工招募及其培训成本。

二、旅游企业成熟期成本控制的策略

成本控制是旅游饭店增加利润的根本途径,它直接服务于企业的经营目标,是抵抗内外压力、求得生存的主要保障。

1.源头控制

原材料的采购是整个餐饮经营管理的第一步,也是餐饮成本控制的第一个环节,原材料成本可谓企业成本控制的源头。原材料成本占餐饮成本中的比例最高,据测算,在我国餐饮原料的成本率约为45%。作为餐饮成本控制的源头——原材料的采购,由于原材料的采购在成本控制中发生控制漏洞的可能性最大,是企业管理者关注的重点和焦点,如果采购部能从根本上堵住成本漏洞,其他部门就能自觉进行成本控制。目前各企业采购餐饮原材料基本是由使用部门申请,采购部门负责采购,这种分工合作有其优点,但也存在一定的弊端,表现在使用部门往往只强调材料质量而忽视对价格的控制,致使成本率上升。我们可以大胆设计一套完善的原料采购程序来进行科学有效的管理,克服过去粗放型的管理方法,要在占餐饮总成本40%~50%的原材料的成本控制上,防止控制漏洞的出现。首先要确定财务总监、行政总厨和各餐厅厨师长为餐饮成本责任主要人员,参与采购原材料品种、数量、质量和价格的确定,在财务总监下设成本总监,直接负责整个企业的成本控制、毛利率和原料成本率的调整、成本核算、合理库存量的调整等;财务部下设原料采购部,以减少采购的中间环节,既有利于企业成本控制也有利于调控成本率。其次采购部门要尽可能多地提供可供选择的品种,采取大宗采购招标、集团采购的办法,尽量压低采购价格。最后,集中采购、经济批量采购,追求低成本高效益,采用经济订货量的数学模型来确定最佳的订货量,以降低原材料采购、储存的成本。

2.源泉控制

企业员工工作热情高,工作效率就能大大地提高,会给企业降低劳务成本率,提高服务质量和营业额,从而产生更大的利润,因此说人力资源是企业的财富和利润的源泉。企业的人才流动历来是困扰饭店业的问题,高素质员工的流失使企业的管理水平和服务质量下降,成本率增高。饭店业是劳动密集型的企业,人工成本率仅次于食品的成本率,目前在国内饭店业中人工成本占营业额的20%左右。中国历来具有人力成本低的优势,但饭店业在成熟期阶段,企业员工工资越来越高,人员流动频繁,这两个因素都不利于成本的降低,企业要采取有效手段,重点在如何提高员工劳动生产率上降低人工成本。首先,要降低离职成本,必须加强人力资源的建设,健全员工培训体系,做好岗前、在岗、转岗培训及晋升培训工作,旨在培养员工的责任意识和主人翁意识,灌输企业精神、团队精神和集体合力,在物质分配上给予相应照顾,力图降低员工离职率,以减少因人才流失所引起的离职前成本、技术损失、新员工招募及其培训成本。同时绩效考核是控制企业员工成本、提高服务质量及员工积极性的重要手段,为企业评价员工业绩提供依据。其次,推行员工弹性工作制度。这主要基于以下几方面的考虑:企业人员的年轻化、服务人员素质的复杂化决定了企业难以对员工实行终身制;淡旺季客源不稳定,导致企业人力资源利用率不稳定,员工工作时间长,会影响工作热情和降低工作效率。

3.运转成本控制

控制运转成本,首先企业切不可盲目追求所谓用料的高档以及非功能性豪华奢侈,因为这种高投入也是以高成本的运转为代价的,要注重企业资产的有效使用。改进管理机构的设立,建立扁平型管理体系,如果规模不大,营业时间相对集中,大可不必设立类似副经理职位,旨在最大限度地减少管理性消耗支出;在餐饮成本上,对菜肴成本采取标准菜单和仓库采取仓储均实行计算机管理等;采取先进的节能手段及环保方法,大力压缩能源消耗的支出。其次,运用计算机实时计算原材料的有效利用率和销售实际毛利率,从应耗的营业成本和实耗的营业成本的差额分析成本管理的绩效。再次,适当进口烹饪原料。基于在保证同等质量基础上追求低价格,在同等价格基础上追求高质量的原则,可考虑采取适当进口原料的策略。过去在餐饮原料选用方面,进口餐饮原料的手续繁杂,关税较多,导致一些餐饮企业原料选用范围窄,能用国内的就不用国外的。进口质量好、农药残留量少的原料,既有利于丰富我国的烹饪原料,在同等质量上,追求低成本,在同等价格上追求高质量,也有利于建设绿色企业。

4.改进管理手段

我们不否认传统的成本控制方法的有效性,但面对现代饭店业的发展要求,应探索更有效的成本管理控制手段,采用更好的管理方法。建议从以下几方面加强力度:(1)成本预警。改变过去企业重核算轻调控管理的做法,建立先进的企业内部自动化系统,在企业成本总预算下按责任中心编制预算,在各责任中心设置计算机终端,以便及时了解成本执行情况,利用预警作用,对计划数与实际数进行比较分析,发现成本漏洞,实施有效成本控制。(2)能力否决。以成本控制的能力作为考核管理者绩效的首要指标,以成本指标完成程度来评估员工成本控制的能力,如果成本指标完不成,其他指标完成得再好,一律视为计划未完成,并与奖惩挂钩。(3)客户档案管理。加强与顾客的沟通和对顾客诚信度的培育,以扩大市场销售额,这样既保证客源的相对稳定性,又节约餐饮促销和公关活动的成本和员工的培训费用。(4)连锁经营求发展。开展连锁经营,除了将新产品集中或部分开发,节省厨师劳务技术成本支出外,通过集中进货,统一加工,分别配送,在降低成本上比起单个、独立的经济实体更具优势。

(资料来源:《中国旅游饭店》总第13期,作者:吴传钰)

思考与练习

(一)理解思考

1.餐饮业利润总额是如何计算的?
2.构成餐厅营业额大小的因素主要有哪几个?
3.餐饮企业应从哪些方面要做好成本管理的基础工作?
4.餐饮企业如何加强成本费用控制?
5.你如何理解"没有无工作的人,没有无人的工作"这句话的意义?
6.餐饮企业成本费用控制的程序有哪些?
7.成本费用控制中要注意哪些问题?
8.降低可控费用一般应从哪些方面进行?

(二)实用练习

1.某餐厅2月份的经营情况如下:营业收入300 000.00元,营业成本160 000.00元,营业费用50 000.00元,管理费用12 000.00元,财务费用8 000.00元,营业税金及附加14 100.00元,营业外收入4 200.00元,营业外支出1 500.00元,求该餐厅2月份的利润总额和利润率。

2.某市区的餐饮企业10月份的营业额为640 000.00元,企业毛利率为52%,费用率25%,营业税率5%,城乡维护建设税率为7%,教育费附加3%,试求出该企业的餐饮利润是多少?

3.某餐厅的共有餐位数300个,餐位周转率为180%,人均消费35.00元,全年营业天数360天,每天经营午餐和晚餐。试预测该餐厅全年的餐饮营业额是多少?

4.某餐厅的月固定成本4500.00元,单位菜点的售价为36.00元,单位变动成本20.00元,本月计划销售该菜点2500份,问预期利润是多少?如想保本,销量至少为多少份?

5.某餐饮企业本月生产面包30 000只,实际耗用面粉3300千克,面粉实际单价6.40元/千克;单位标准成本为0.60元,每千克面粉的标准价格为6.00元/千克,试对原料成本差异作分析。

6.根据下列数据完成下表的填空:

单位	全年销售额(元)	全年成本(元)	成本率(%)	全年费用(元)	费用率(%)	税金及附加(元)	税金及附加率(%)	利润率(%)	年利润(元)
A 企业	3 600 000.00	1 520 000.00		1 224 000.00		198 000.00			
B 企业	2 580 000.00	1 186 800.00		774 000.00		141 900.00			

7.某饭店餐厅部要求明年实现目标利润50万元,据以往历史资料显示,餐饮原料成本占销售收入的45%左右,税率为5%,部门经营费用占销售收入的30%,餐饮部应分摊的企业管理费占销售收入的5%。预计明年这些费用项目占销售收入的比例变化不大。试求:

(1)餐饮部要实现50万元的年利润目标,假定有关成本和费用占销售收入的比率与以往历史保持不变,该餐饮部年销售收入至少应达到多少元?

(2)假如该餐饮部共有餐位150个,餐位周转率为200%,每日经营午餐和晚餐两餐,每位顾客的平均消费额应为多少元(全年按360天计算)?

分析,发现成本漏洞,实施有效成本控制。(2)能力否决。以成本控制的能力作为考核管理者绩效的首要指标,以成本指标完成程度来评估员工成本控制的能力,如果成本指标完不成,其他指标完成得再好,一律视为计划未完成,并与奖惩挂钩。(3)客户档案管理。加强与顾客的沟通和对顾客诚信度的培育,以扩大市场销售额,这样既保证客源的相对稳定性,又节约餐饮促销和公关活动的成本和员工的培训费用。(4)连锁经营求发展。开展连锁经营,除了将新产品集中或部分开发,节省厨师劳务技术成本支出外,通过集中进货,统一加工,分别配送,在降低成本上比起单个、独立的经济实体更具优势。

(资料来源:《中国旅游饭店》总第13期,作者:吴传钰)

思考与练习

(一)理解思考

1. 餐饮业利润总额是如何计算的?
2. 构成餐厅营业额大小的因素主要有哪几个?
3. 餐饮企业应从哪些方面要做好成本管理的基础工作?
4. 餐饮企业如何加强成本费用控制?
5. 你如何理解"没有无工作的人,没有无人的工作"这句话的意义?
6. 餐饮企业成本费用控制的程序有哪些?
7. 成本费用控制中要注意哪些问题?
8. 降低可控费用一般应从哪些方面进行?

(二)实用练习

1. 某餐厅2月份的经营情况如下:营业收入300 000.00元,营业成本160 000.00元,营业费用50 000.00元,管理费用12 000.00元,财务费用8 000.00元,营业税金及附加14 100.00元,营业外收入4 200.00元,营业外支出1 500.00元,求该餐厅2月份的利润总额和利润率。

2. 某市区的餐饮企业10月份的营业额为640 000.00元,企业毛利率为52%,费用率25%,营业税率5%,城乡维护建设税率为7%,教育费附加3%,试求出该企业的餐饮利润是多少?

3. 某餐厅的共有餐位数300个,餐位周转率为180%,人均消费35.00元,全年营业天数360天,每天经营午餐和晚餐。试预测该餐厅全年的餐饮营业额是多少?

4. 某餐厅的月固定成本4500.00元,单位菜点的售价为36.00元,单位变动成本20.00元，本月计划销售该菜点2500份，问预期利润是多少？如想保本，销量至少为多少份？

5. 某餐饮企业本月生产面包30 000只，实际耗用面粉3300千克，面粉实际单价6.40元/千克；单位标准成本为0.60元，每千克面粉的标准价格为6.00元/千克，试对原料成本差异作分析。

6. 根据下列数据完成下表的填空：

单位	全年销售额（元）	全年成本（元）	成本率（%）	全年费用（元）	费用率（%）	税金及附加（元）	税金及附加率（%）	利润率（%）	年利润（元）
A企业	3 600 000.00	1 520 000.00		1 224 000.00		198 000.00			
B企业	2 580 000.00	1 186 800.00		774 000.00		141 900.00			

7. 某饭店餐厅部要求明年实现目标利润50万元，据以往历史资料显示，餐饮原料成本占销售收入的45%左右，税率为5%，部门经营费用占销售收入的30%，餐饮部应分摊的企业管理费占销售收入的5%。预计明年这些费用项目占销售收入的比例变化不大。试求：

(1) 餐饮部要实现50万元的年利润目标，假定有关成本和费用占销售收入的比率与以往历史保持不变，该餐饮部年销售收入至少应达到多少元？

(2) 假如该餐饮部共有餐位150个，餐位周转率为200%，每日经营午餐和晚餐两餐，每位顾客的平均消费额应为多少元（全年按360天计算）？

参考书目

[1] 向家方.餐饮业成本核算[M].北京:中国商业出版社,2001.
[2] 梁志峰,何海兰.餐饮成本核算[M].北京:高等教育出版社,2004.
[3] 蔡万坤.餐饮管理[M].北京:旅游教育出版社,2004.
[4] 林小岗.面点工艺[M].北京:中国轻工业出版社,2000.
[5] 财政部注册会计师考试委员会.财务管理[M].大连:东北财经大学出版社,1998.
[6] 万光玲.餐饮成本控制[M].沈阳:辽宁科学技术出版社,1998.
[7] 郭敏文.餐饮部运行与管理[M].北京:旅游教育出版社,2003.

责任编辑:张　萍
图片提供:微图网

图书在版编目(CIP)数据

餐饮业成本核算／林小岗,吴传钰编著
. -- 北京：旅游教育出版社，2014.8（2025.8重印）
全国烹饪专业系列教材
ISBN 978-7-5637-2990-6

Ⅰ．①餐…　Ⅱ．①林…②吴…　Ⅲ．①饮食业—成本计算—教材　Ⅳ．①F719.3

中国版本图书馆 CIP 数据核字（2014）第 171708 号

全国烹饪专业系列教材
餐饮业成本核算（第3版）
林小岗　吴传钰　编著

出版单位	旅游教育出版社
地　　址	北京市朝阳区定福庄南里1号
邮　　编	100024
发行电话	(010)65778403 65728372 65767462(传真)
本社网址	www.tepcb.com
E-mail	tepfx@163.com
排版单位	北京旅教文化传播有限公司
印刷单位	唐山玺诚印务有限公司
经销单位	新华书店
开　　本	720毫米×960毫米　1/16
印　　张	11
字　　数	170千字
版　　次	2017年6月第3版
印　　次	2025年8月第9次印刷
定　　价	26.00元

（图书如有装订差错请与发行部联系）